PIANO/VOCAL/GUITAR

ROMANCE
BOLEROS FAVORITOS

ISBN 978-0-7935-9304-0

HAL•LEONARD® CORPORATION

7777 W. BLUEMOUND RD. P.O. BOX 13819 MILWAUKEE, WI 53213

Visit Hal Leonard Online at
www.halleonard.com

ROMANCE
BOLEROS FAVORITOS

CONTENTS

ACERCATE MÁS
(Come Closer to Me)

Music and Spanish Words by
OSVALDO FARRES
English Words by AL STEWART

por-que es-toy su-frien - do._____ No lo es-tás tú
let me learn what bliss is._____ Kiss me once and

vien - do que lo es-toy que-rien - do sin que-rer-lo tú._____
then we'll kiss and kiss a - gain and life will be di - vine._____

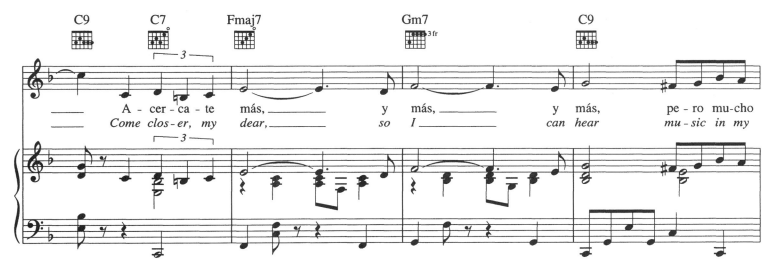

_____ A - cer-ca - te más,_____ y más,_____ y más, pe - ro mu-cho
Come clos-er, my dear,_____ so I_____ can hear mu-sic in my

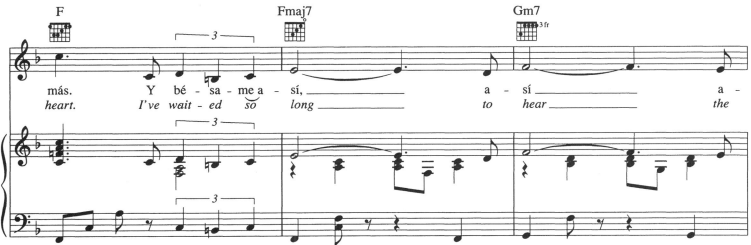

más. Y bé - sa-me a - sí,_____ a - sí_____ a -
heart. I've wait-ed so long_____ to hear_____ the

sí   co - mo be - sas   tú.   A - ca - so pre - ten   - des ___
song   that your love will   start.   Dar - ling, I'll a - dore   you, ___

___ a de - ses - pe - rar   - me. ___   Ven por Diós   a
___ live my life just for   you. ___   All I ask is

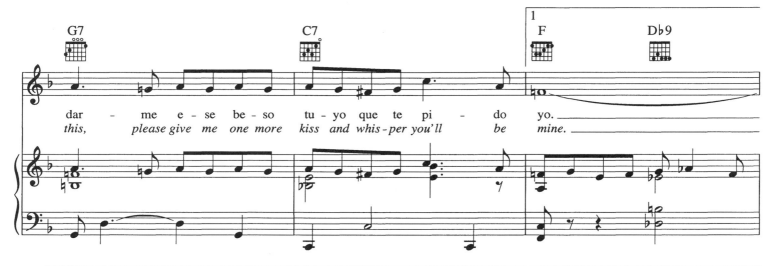

dar - me e - se be - so tu - yo que te pi - do yo. ___
this,   please give me one more kiss and whis - per you'll be mine. ___

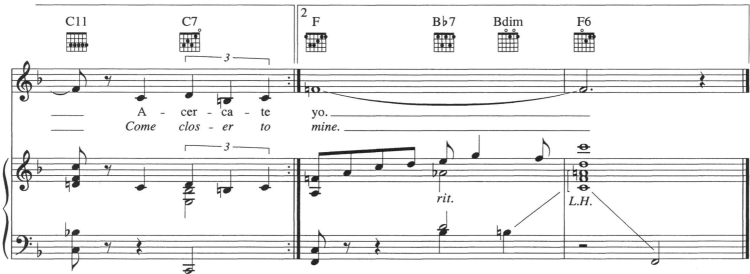

A - cer - ca - te   yo. ___
Come clos - er to   mine. ___

rit.   L.H.

ADORO

Words and Music by
ARMANDO MANZANERO CANCHE

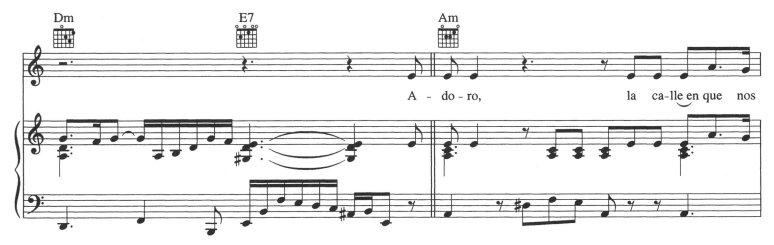

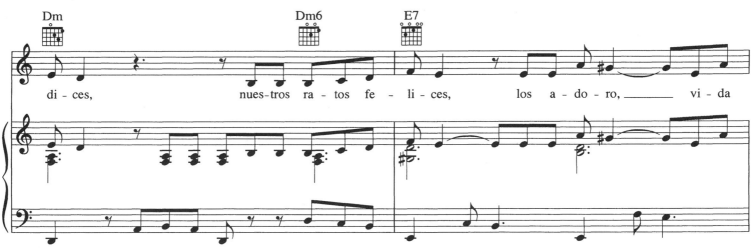

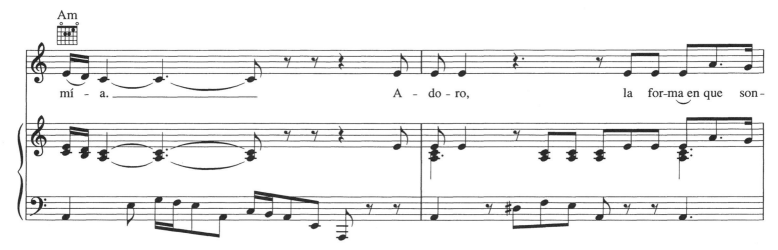

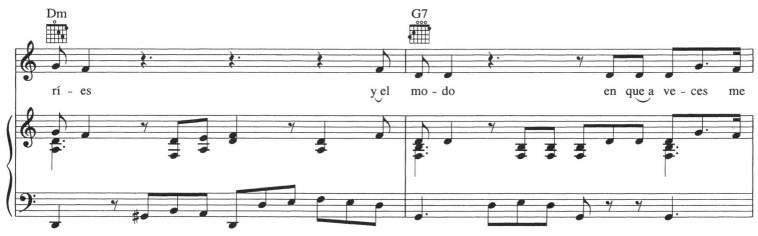

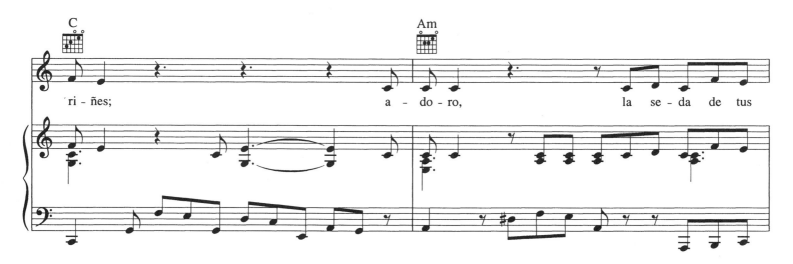

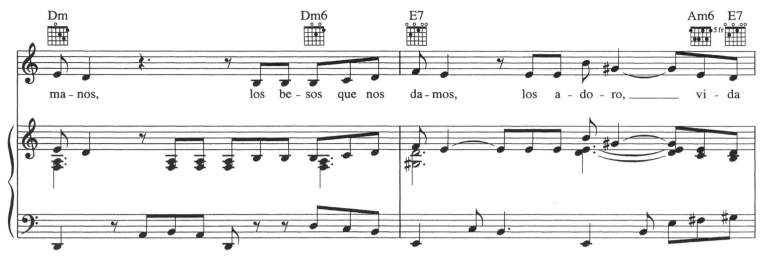

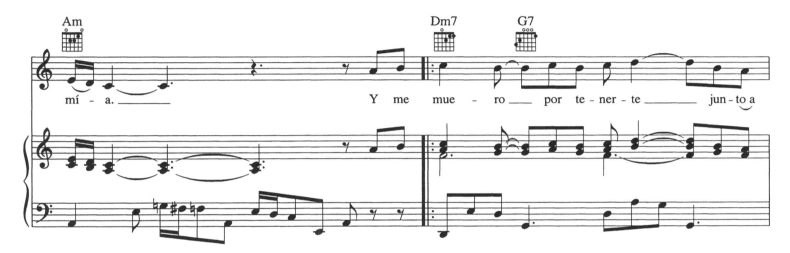

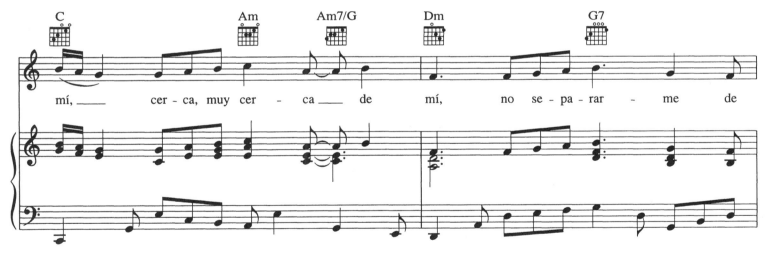

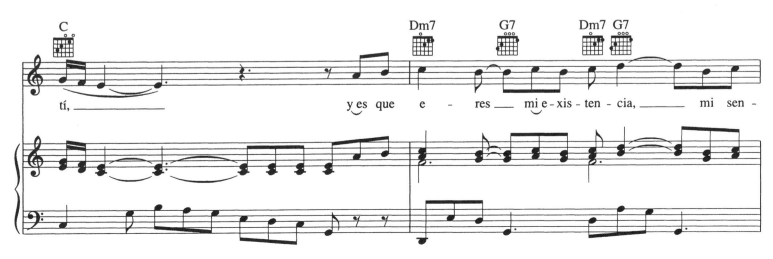

tir, _____ e - res mi lu - na, e - res mi sol, _____ e - res mi no - che _____ de a -

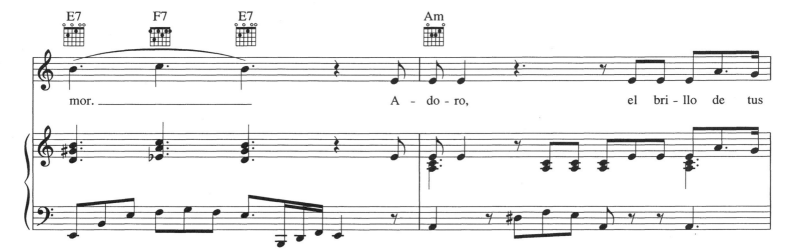

mor. _____ A - do - ro, el bri - llo de tus

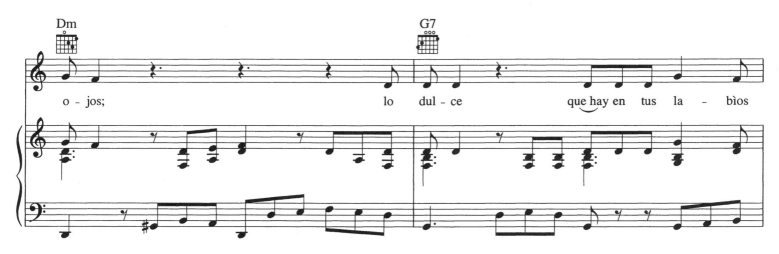

o - jos; lo dul - ce que hay en tus la - bìos

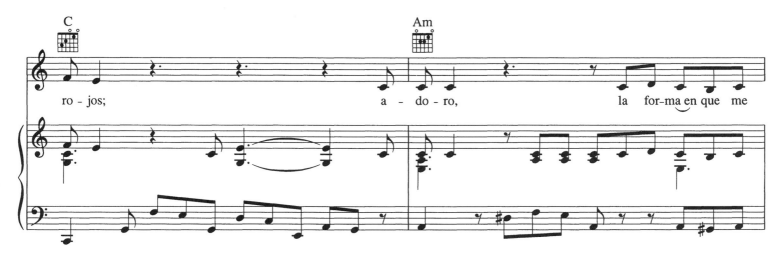

ro - jos; a - do - ro, la for-ma en que me

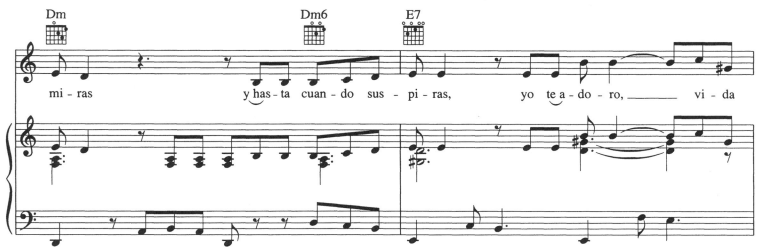

mi - ras y has - ta cuan - do sus - pi - ras, yo te a - do - ro, _____ vi - da

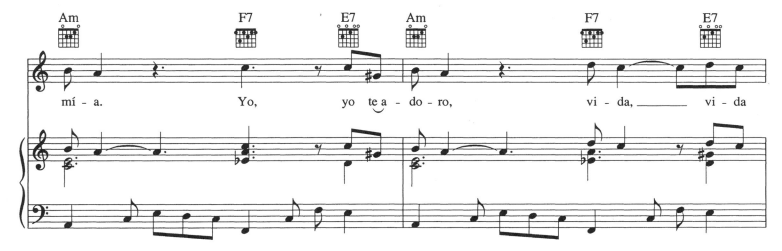

mí - a. Yo, yo te a - do - ro, vi - da, _____ vi - da

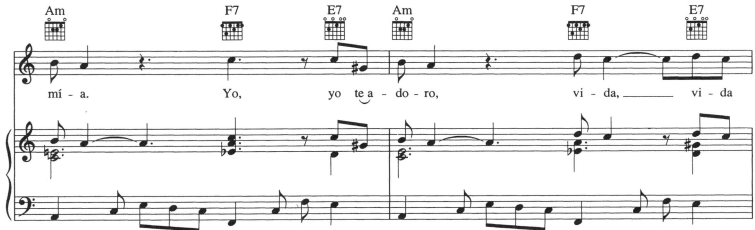

mí - a. Yo, yo te a - do - ro, vi - da, _____ vi - da

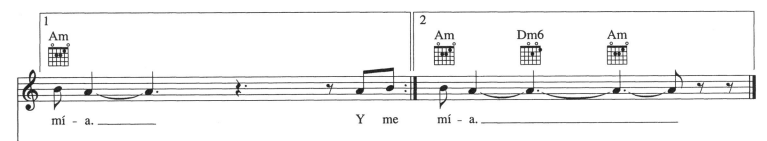

mí - a. _____ Y me mí - a. _____

ALMA CON ALMA

Words and Music by
JUANITO MARQUEZ

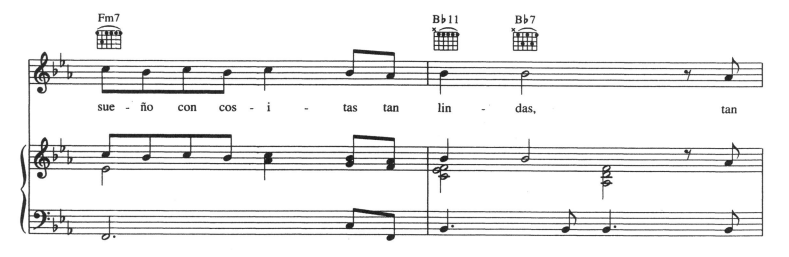

suo - ño con cos - i - tas tan lin - das,   tan

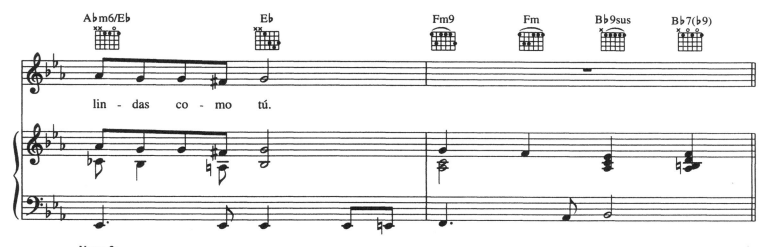

lin - das co - mo tú.

Verso 2:

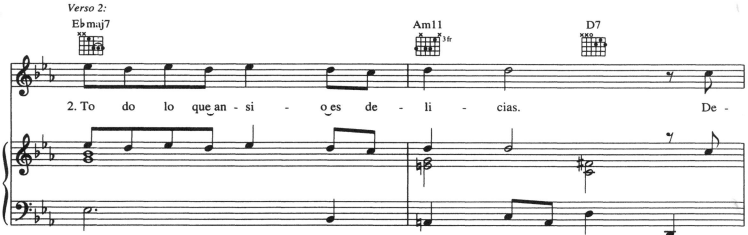

2. To - do lo que an - si - o es de - li - cias.   De -

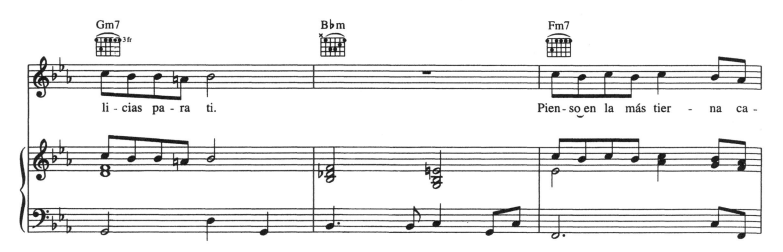

li - cias pa - ra ti.   Pien - so en la más tier - na ca -

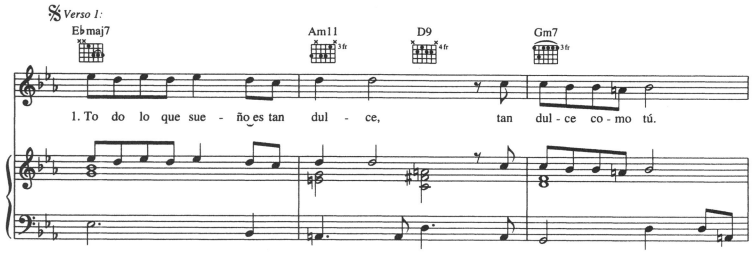

Verso 1:

1. To - do lo que sue - ño_es tan dul - ce, tan dul - ce co - mo tú.

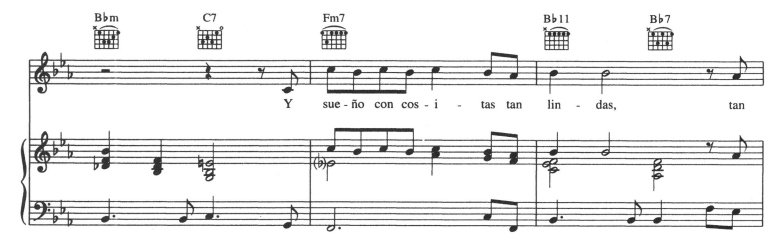

Y sue - ño con cos - i - tas tan lin - das, tan

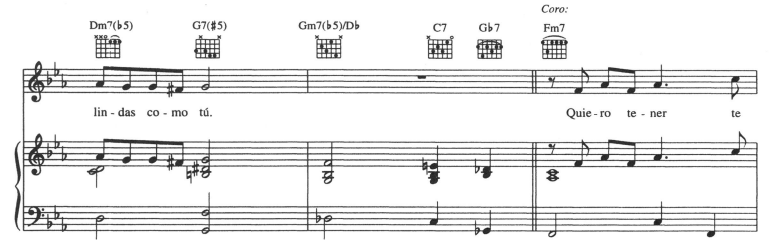

Coro:

lin - das co - mo tú. Quie - ro te - ner - te

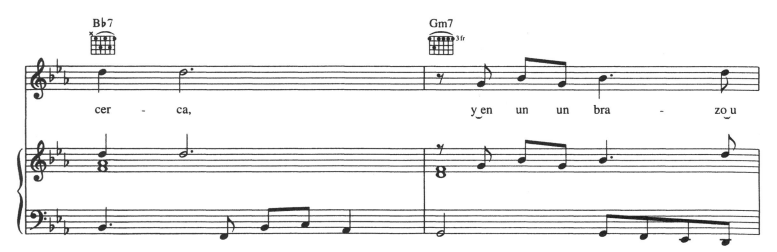

cer - ca, y_en un un bra - zo u

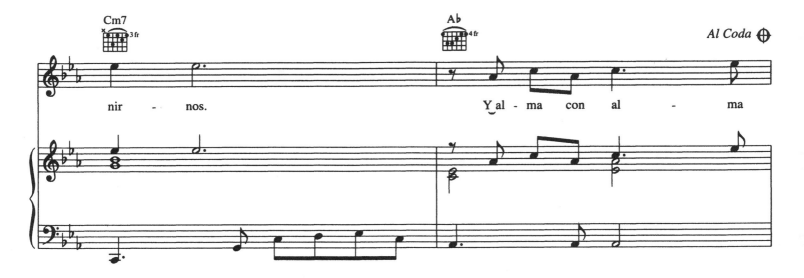

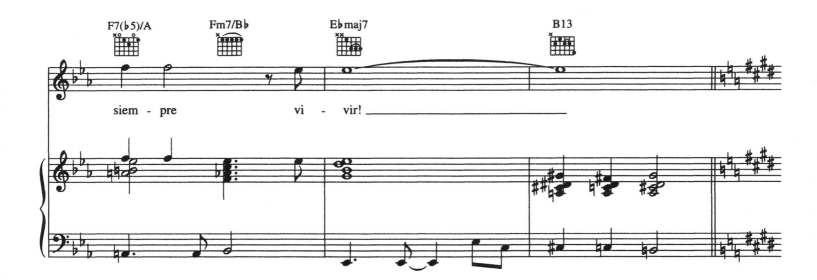

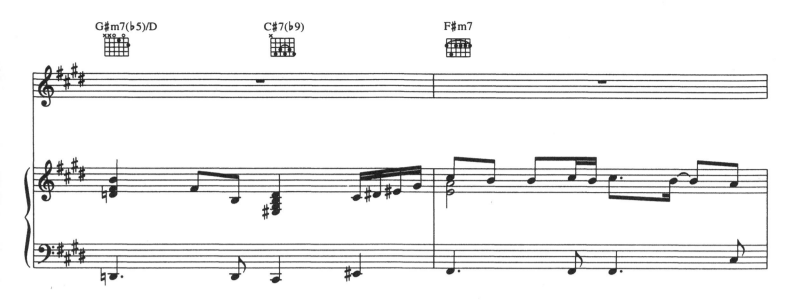

D. S. ℅ al Coda

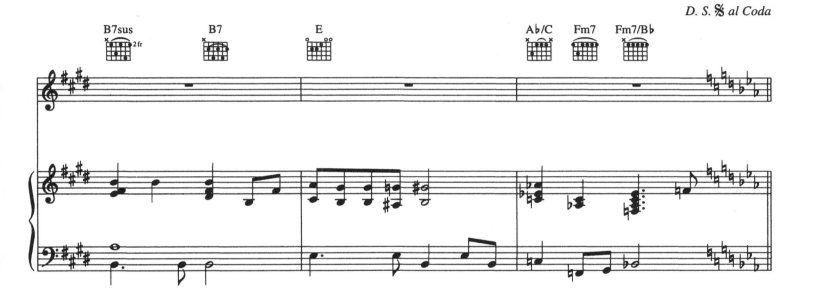

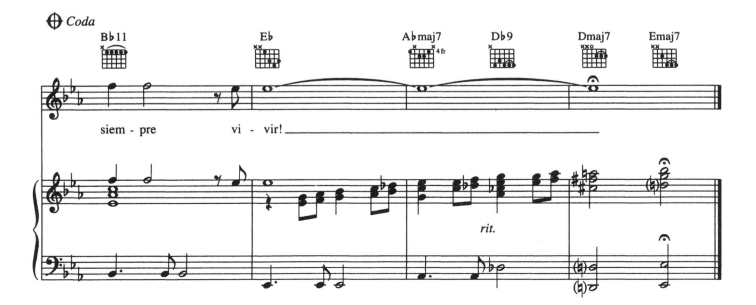

siem - pre vi - vir!

ALMA DE MUJER
(Bolero Son)

Words and Music by
ARMANDO VALDESPI

Moderately

mf

Te qui- se con al- ma de

ni- ño y tan gran- de fué mi ca- ri- ño, que

nun- ca cre- í que po- dri- as ha- ber o- fen-

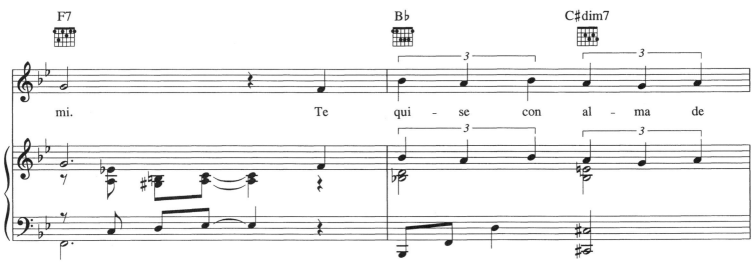

ni - ño y tan gran - de fué mi ca - ri - ño, pe -

ro que se pue-de es-pe - rar si al fin e - res mu - jer y tú no tie - nes

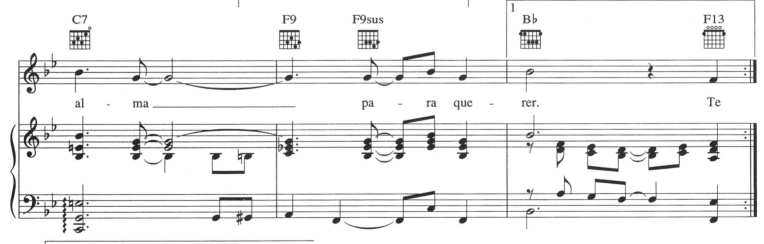

al - ma _____ pa - ra que - rer. Te

rer. _____

AMOR
(Amor, Amor, Amor)

Music by GABRIEL RUIZ
Spanish Words by RICARDO LOPEZ MENDEZ
English Words by NORMAN NEWELL

A - mor,   a - mor,   a - mor _____
A - mor,   *a - mor,*   *a - mor,*

that's how I say   the lat - in way   how much I love _____ you
Na - cio de ti,   *Na - cio de mi,*   *de la es - pe - ran - za* _____

A - mor,   a - mor,   a - mor, _____
A - mor,   *a - mor,*   *a - mor,* _____

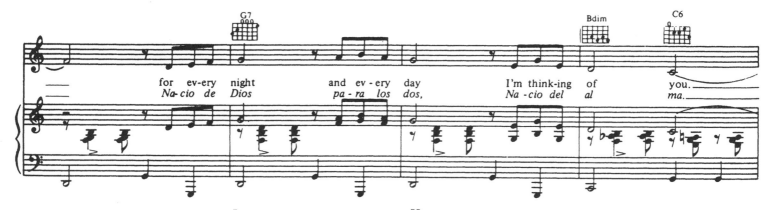

for ev-ery night and ev-ery day, I'm think-ing of you.
Na-cio de Dios pa-ra los dos, Na-cio del al ma.

The night is for lov-ing and I love it that way and if you are will-ing will you
Sen tir que tus be-sos a - ni - da - ron en mi, I - gual que pa-lo-mas men-sa-

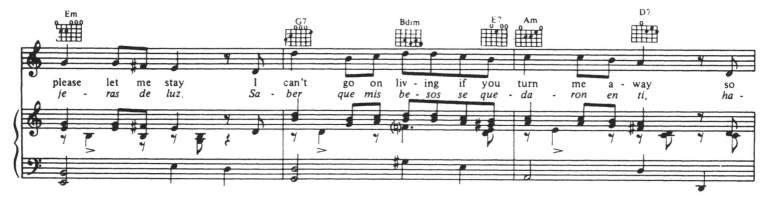

please let me stay I can't go on liv-ing if you turn me a-way, so
je - ras de luz. Sa - ber que mis be-sos se que-da - ron en ti, ha-

why not give in and let the lov-in' be-gin. A-mor, a-mor, a-
cien - do en tus la-bios la se-ñal de la cruz. A-mor, a - mor, a-

mor_____ the time is right we have to-night to spend to-
mor_____ na-cio de ti, na-ció de mi, de la es - pe-

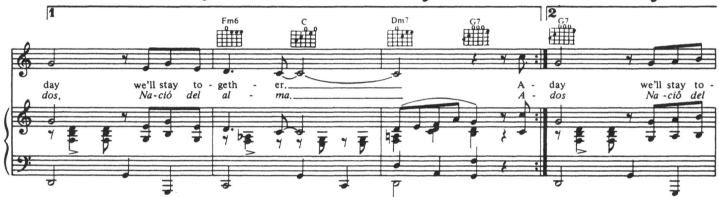

AMOR CIEGO
(Canción Bolero)

Words and Music by
RAFAEL HERNANDEZ

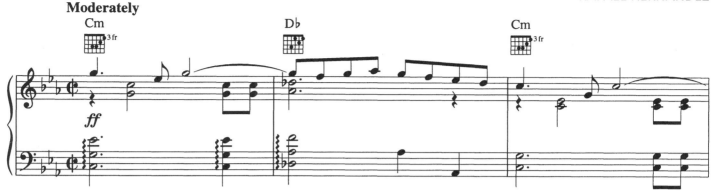

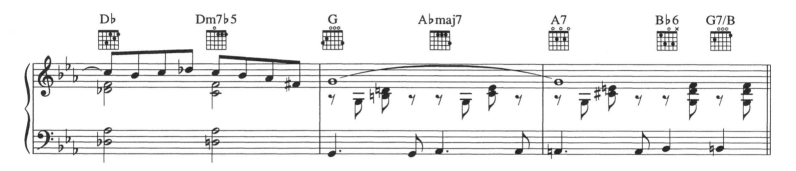

No, no me de-jes so-lo, mi-ra que me

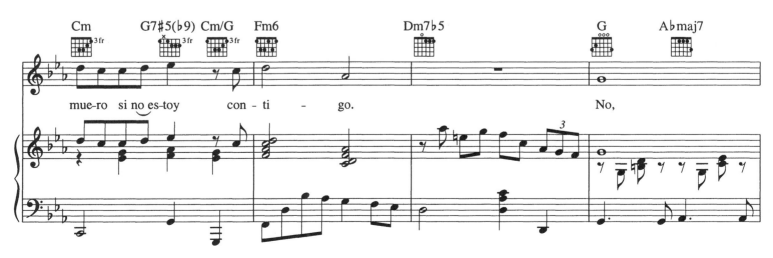

mue-ro si no es-toy con-ti-go. No,

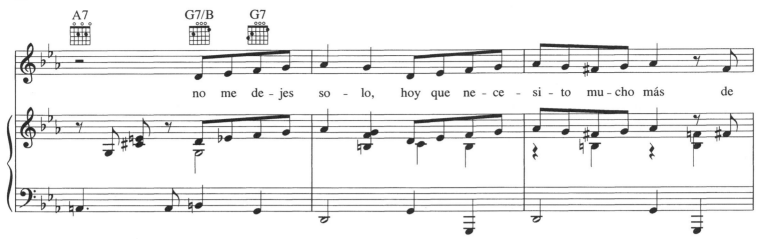

no me de - jes so - lo, hoy que ne - ce - si - to mu - cho más de

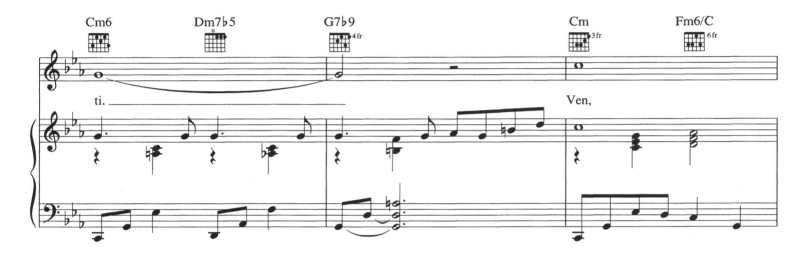

ti. _____ Ven,

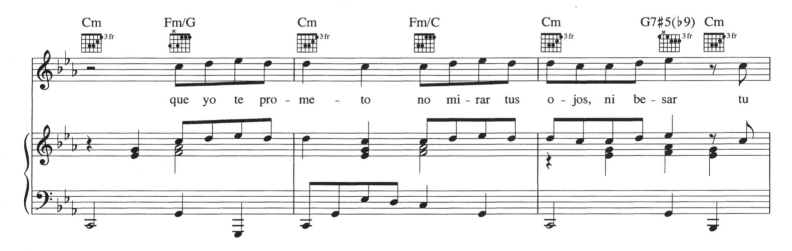

que yo te pro - me - to no mi - rar tus o - jos, ni be - sar tu

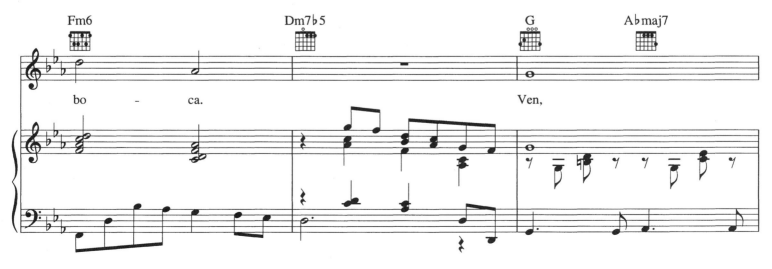

bo - ca. Ven,

no me de-sam pa - res, mi - ra que me mue-ro si te vas de

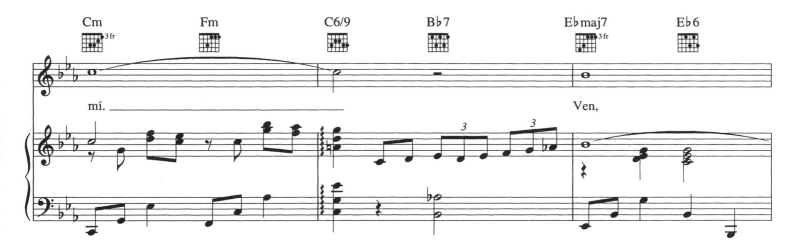

mí. _____ Ven,

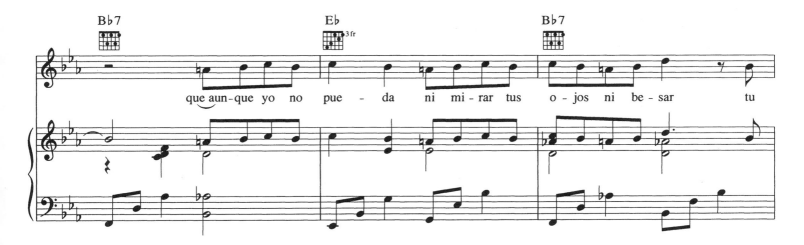

que aun-que yo no pue - da ni mi-rar tus o - jos ni be - sar tu

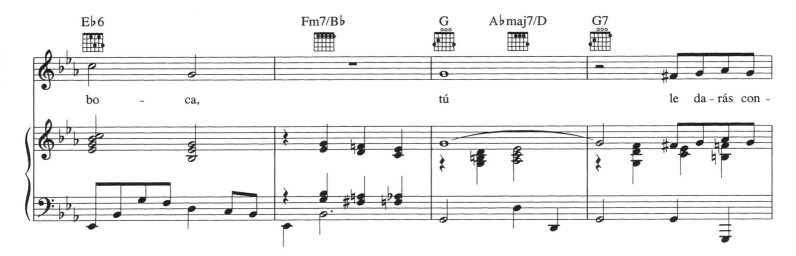

bo - ca, tú le da - rás con -

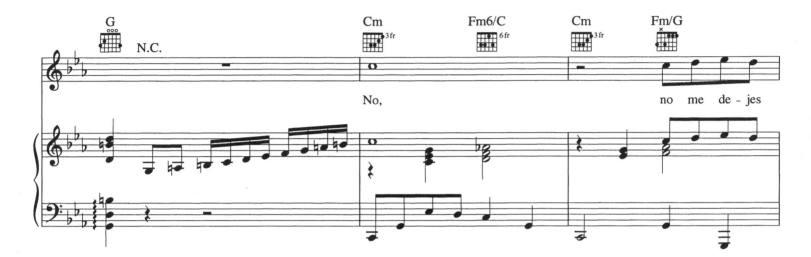

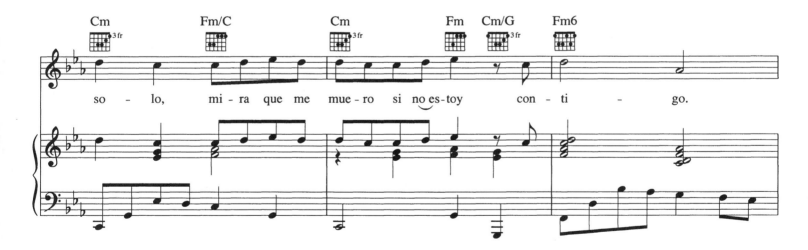

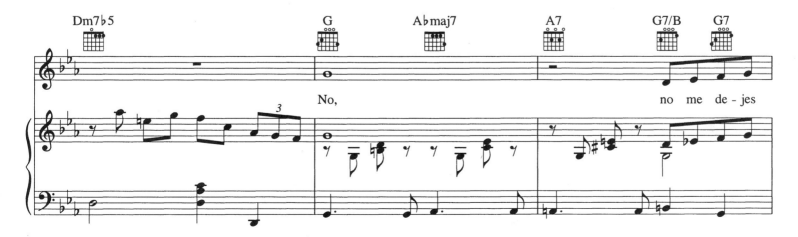

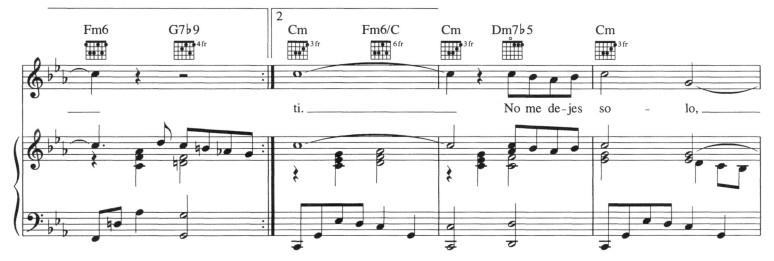

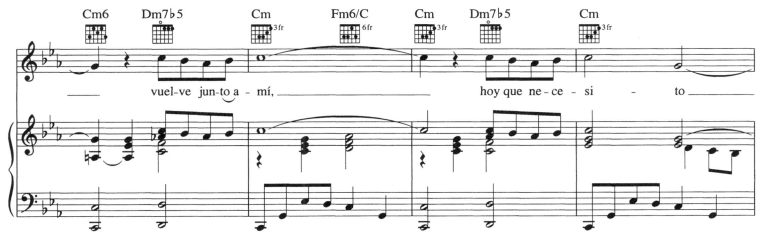

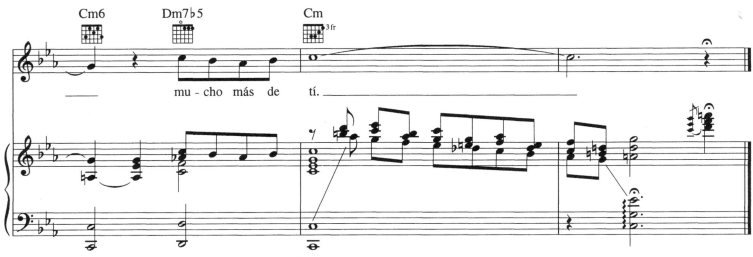

AMOR PERDIDO

Words and Music by
PEDRO FLORES

Moderato

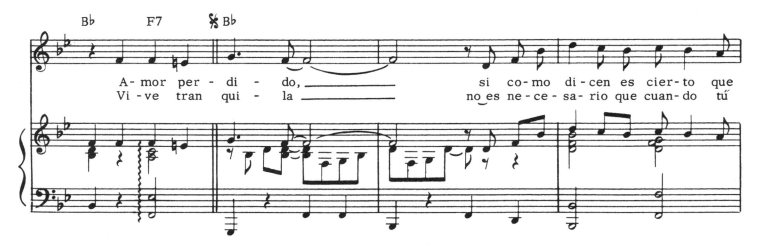

A- mor per-di - do,_____ si co-mo di-cen es cier-to que
Vi -ve tran qui - la _____ no es ne-ce-sa-rio que cuan-do tú

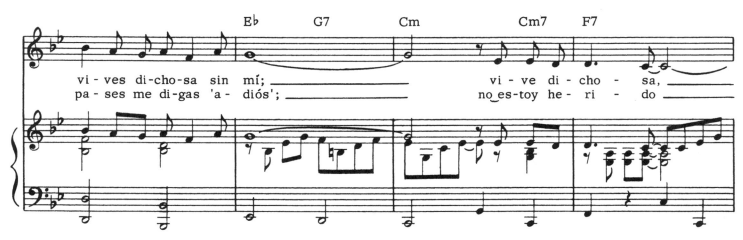

vi - ves di-cho-sa sin mí;_____ vi - ve di-cho - sa,_____
pa - ses me di-gas 'a - diós';_____ no es-toy he - ri - do _____

qui-zá o-tros bra-zos te den la for-tu-na que yo no te dí; _____
y por mi ma-dre que no te_a-bo-rrez-co ni guar-do ren-cor; _____

Hoy me con - ven - zo, _____ que por tu par-te nun-ca fuis-te
Por el con - tra - rio, _____ jun-to con-ti-go le_doy un a-

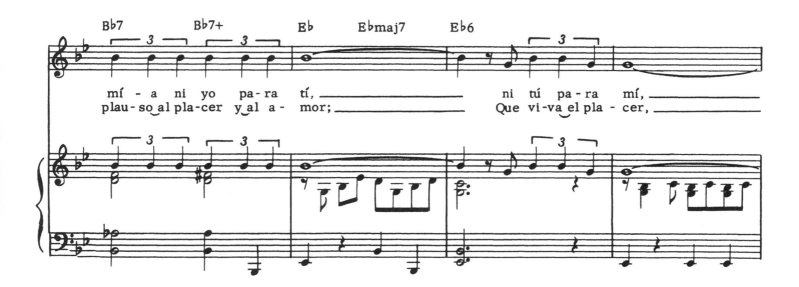

mí - a ni yo pa-ra tí, _____ ni tú pa-ra mí, _____
plau-so_al pla-cer y_al a - mor; _____ Que vi-va el pla - cer, _____

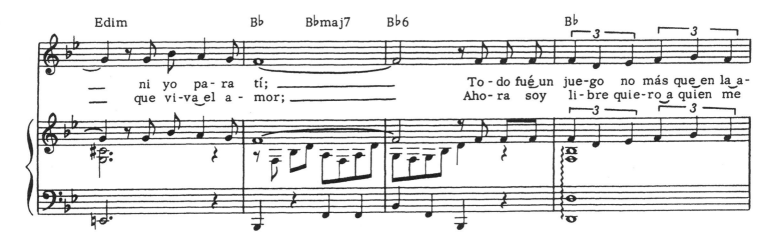

ni yo pa-ra tí; ___
que vi-va_el a - mor; ___
To - do fué_un jue-go no más que_en la_a-
Aho- ra soy li-bre quie-ro_a quien me

pues-ta yo pu-se_y per - dí; ___
quie-ra, que vi-va_el a -

Fué_un jue-go_y yo per - dí, e-sa_es mi

suer - te _____ y pa - go por-que soy buen ju-ga-

dor; _____ Tú vi - ves _ más fe - liz, e - sa _ es tu

suer - te, _____ que más pue - de de - cir - te _ un _ tro-va-

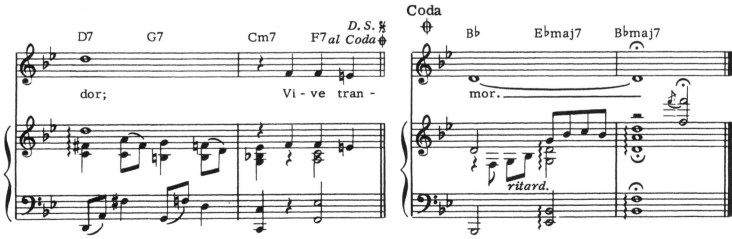

dor;   Vi - ve tran -   mor. _____

AQUELLOS OJOS VERDES
(Green Eyes)

Music by NILO MENENDEZ
Spanish Words by ADOLFO UTRERA
English Words by E. RIVERA and E. WOODS

vine. _____ In dreams I seem to hold you _____ To find you and en-
mar _____ An-he-los de ca-ri-cias _____ de be-sos y ter-

fold you _____ Our lips meet, and our hearts too, _____ with a thrill so sub-
nu-ras _____ de to-das las dul-zu-ras _____ que sa-bi-an brin-

lime _____ Those cool and lim-pid Green Eyes _____ A pool where in my
dar _____ A-que-llos o-jos ver-des _____ se-re-nos co-moun

love lies _____ so deep, that in my search-ing _____
la go _____ en cu-yas quie-tas a-guas _____

AZUCENAS

Words and Music by
PEDRO FLORES

Aún

guar - do _ las dos blan - cas a - zu - ce - nas _____ que me
cu - cha lo que me di-ce un a - mi - go, _____ un a-

dis-te _____ al des-pe-dir - me de tí; _____ Re-
mi-go _____ que me es-cri - be des-de a-lli; _____ Hoy

cuer - das que _____ cuan-do fuis-te a de - cir-me a - diós, _____
se te ve _____ an-dan-do por las ca - lles de San Juan _____

— mi ma-dre nos de - jó a los dos _____ so - li - tos; _____
— con un ti - po de e - sos del Bou - le- vard _____ Del Va - lle; _____

— las lá - gri-mas _____ que tro-pe - za-ban con tus la - bios, _____
— y di - cen que _____ has-ta tus dos pro-pias her-ma - nas, _____

de - ja - ban un me - dio sa - bor _____ ben - di - to; _____
ni te sa - lu - dan al pa - sar _____ la ca - lle, _____

cuan - ta pa - sión, _____ cuan - tos ju - ra - men - tos de_a - mor, _____
que_an - das sin son, _____ lle - na de co - lo - re - te_y con _____

que - da - ron en el co - ra - zón _____ es - cri - tos; _____
el bra - zo de cual - quier va - rón _____ del ta - lle; _____

Muy po-cos a-ños han trans - cu - rri - do _____

y por lo que se o - ye por a - quí, _____

no te im-por - ta ya ni tu a - pe - lli - do;

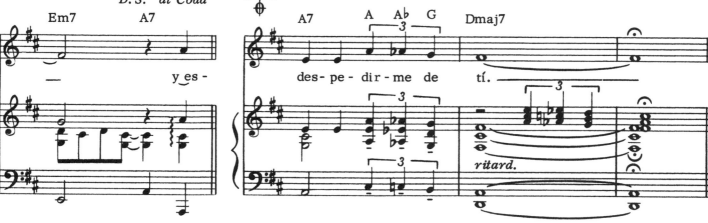

D. S. al Coda   Coda

_____ y es -   des - pe - dir - me de tí. _____

BÉSAME MUCHO
(Kiss Me Much)

Music and Spanish Words by
CONSUELO VELAZQUEZ
English Words by SUNNY SKYLAR

CAMPANITAS DE CRISTAL
(Canción Bolero)

Words and Music by
RAFAEL HERNANDEZ

Moderate Bolero

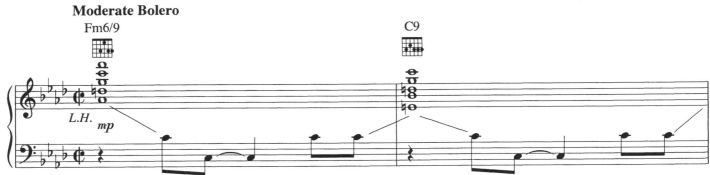

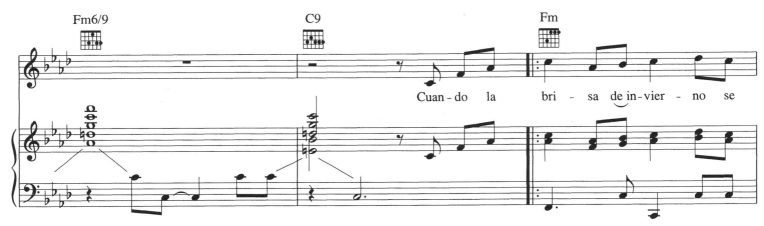

Cuan-do la bri-sa de in-vier-no se

cue-la por mi ven-ta-ni-ta, _____ oi-go so-

nar, _____ oi-go so-nar. _____

Co - mo si un án - gel con ma - nos de se - da en mis cam - pa -

ni - tas _____ to - ca - ra un ma - dri - gal, _____

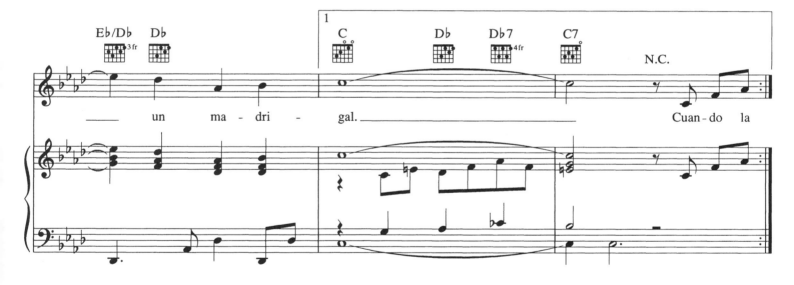

___ un ma - dri - gal. _____ Cuan - do la

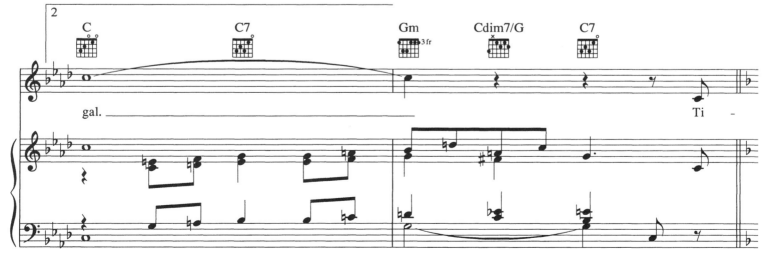

gal. _____ Ti -

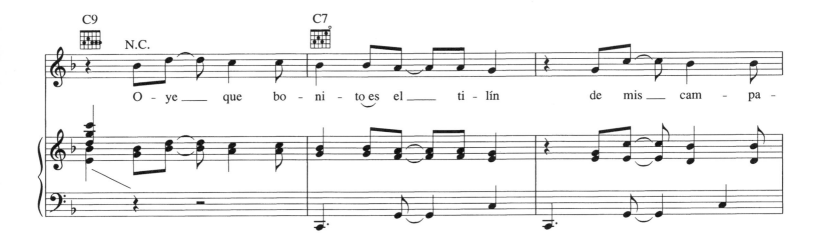

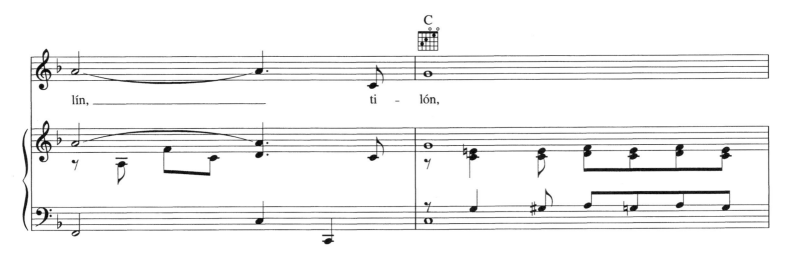

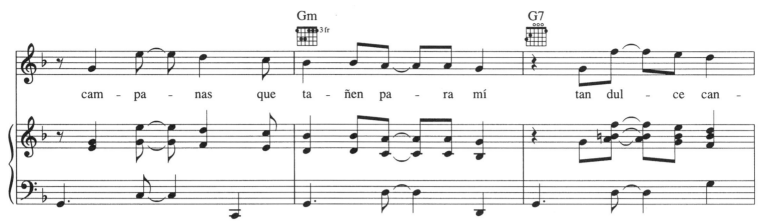

cam - pa - nas que ta - ñen pa - ra mí tan dul - ce can -

ción. _____ Re -

ir, _____ re - ir, _____ re - ir

lin - das __ cam - pa - ni - tas de __ cris - tal qué a - le - gran mis

ho - ras de __ do - lor. _____ So - nar, _____ so -

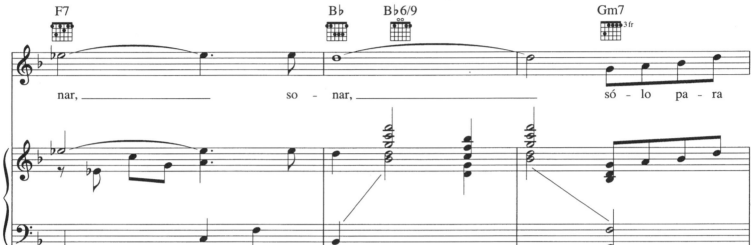

nar, _____ so - nar, _____ só - lo pa - ra

mí, __ só - lo pa - ra mí, cam - pa - ni - tas de cris - tal. _____

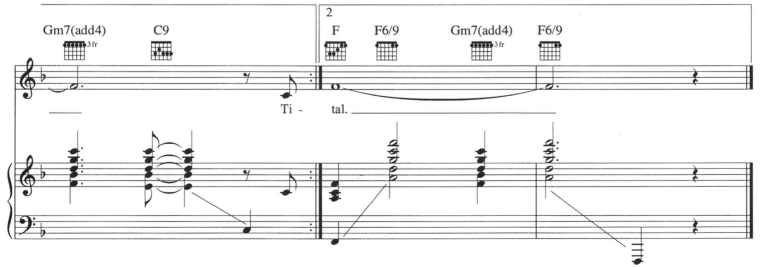

_____ Ti - tal. _____

CAPULLITO DE ALELÍ

Words and Music by
RAFAEL HERNANDEZ

Moderately bright

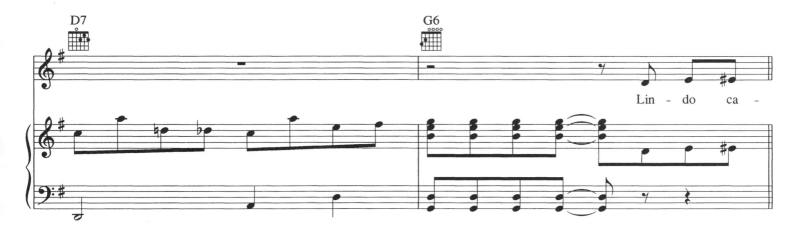

Lin - do ca - pu - llo de A - le - lí, _____ si tú su - pie - ras mi _____ do - lor,

co - rres - pon - die - ras a _____ mi a - mor _____

y cal - ma - ras mi su - frir, _____ por - que tú

sa - bes que sin ti _____ la vi - da es na - da pa - ra mí, _____

tú bien lo sa - bes ca - pu - lli - to de A - le -

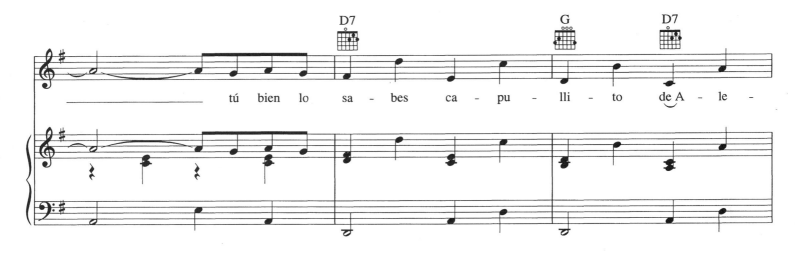

lí. _____ No hay en el mun - do pa - ra mí _____

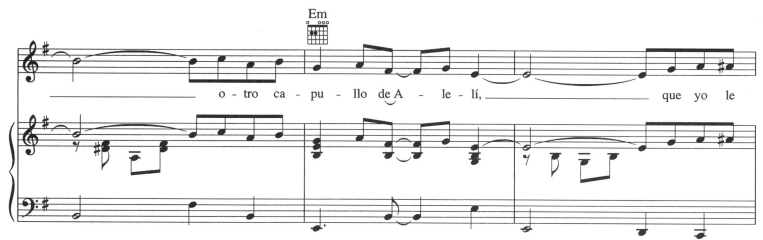

o - tro ca - pu - llo de A - le - lí, _____ que yo le

brin - de mi ___ pa - sión _____ y que le dé mi co - ra - zón, ___

___ tú só - lo e - res la ___ mu - jer _____ a quien he

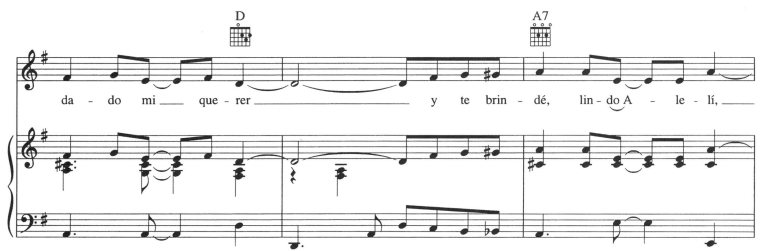

da - do mi ___ que - rer _____ y te brin - dé, lin - do A - le - lí, ___

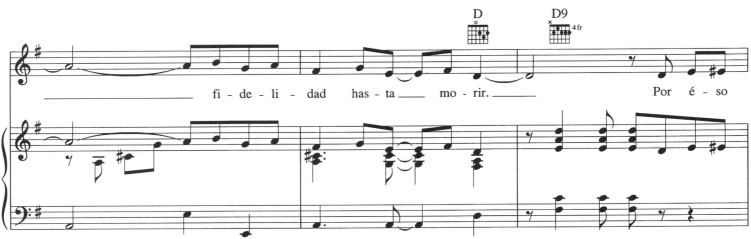

fi-de-li-dad has-ta __ mo-rir. ___ Por é-so

yo te can-to a ti, ___ lin-do ca-pu-llo de A-le-lí, ___

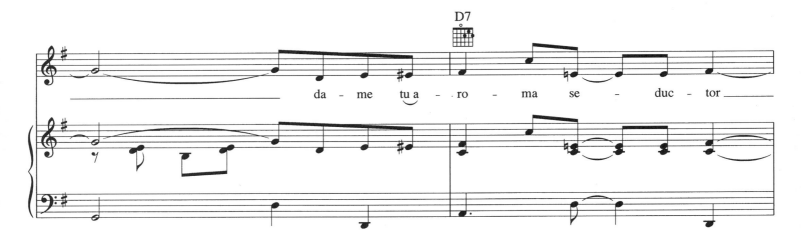

da-me tu a-ro-ma se-duc-tor ___

y un po-qui-to de tu a-mor, ___ por-que tu

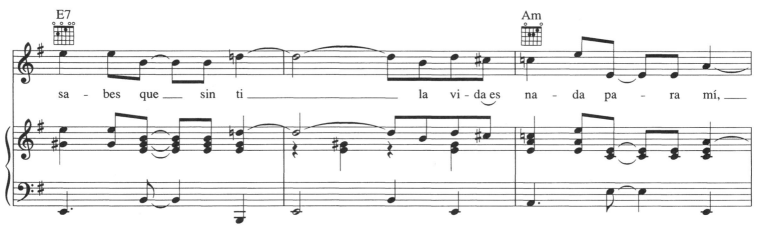

sa - bes que __ sin ti _____ la vi - da es na - da pa - ra mí, __

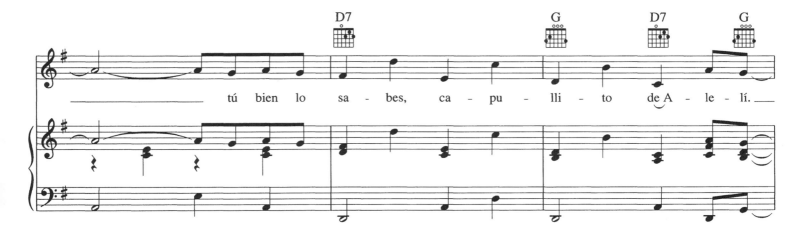

_____ tú bien lo sa - bes, ca - pu - lli - to de A - le - lí.

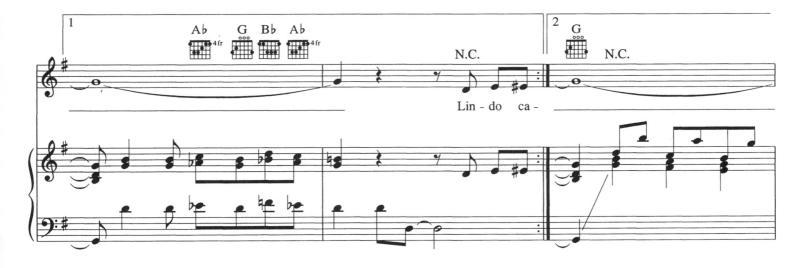

Lin - do ca -

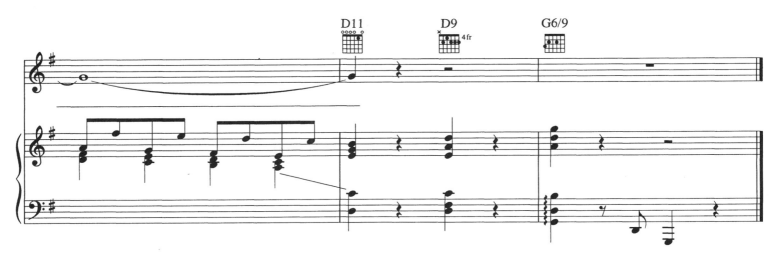

CONTIGO APRENDÍ

Words and Music by
ARMANDO MANZANERO CANCHE

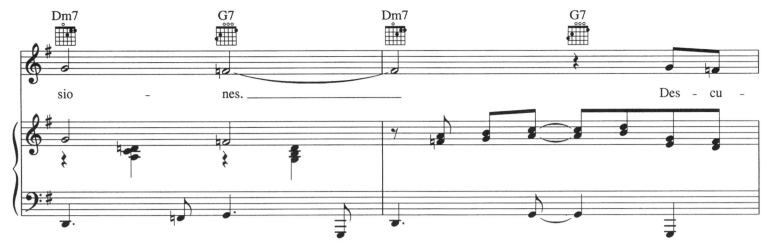

sio - - - nes. _____ Des - cu -

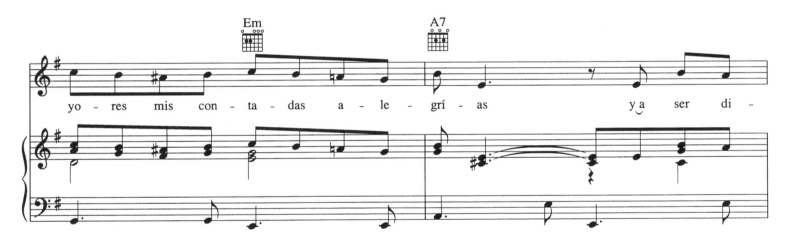

brí que la se - ma - na tie - ne mas de sie - te dí - as a ha - cer ma -

yo - res mis con - ta - das a - le - grí - as y a ser di -

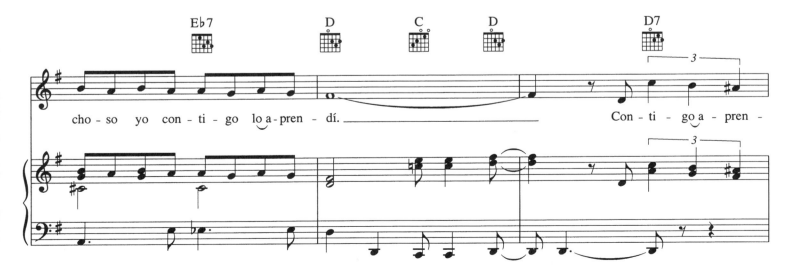

cho - so yo con - ti - go lo a - pren - dí. _____ Con - ti - go a - pren -

dí a ver la luz del o - tro la - do de la lu - na, _____

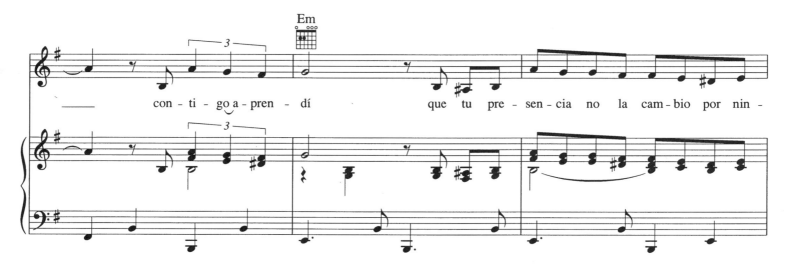

_____ con - ti - go a - pren - dí que tu pre - sen - cia no la cam - bio por nin -

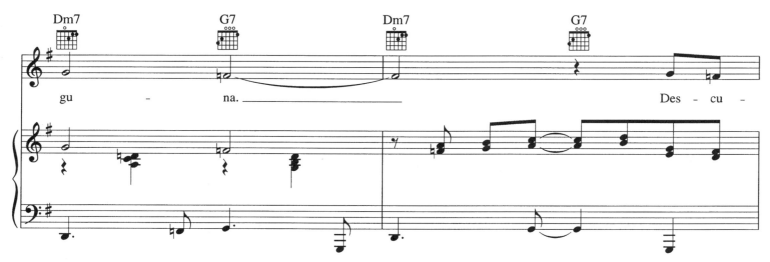

gu - na. _____ Des - cu -

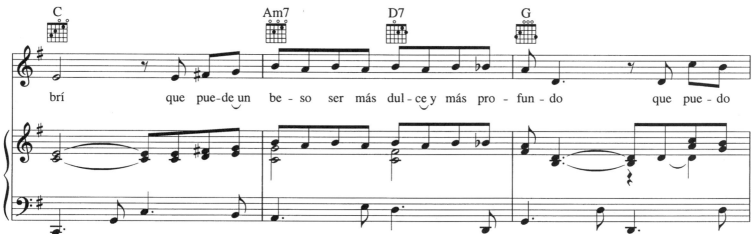

brí que pue - de un be - so ser más dul - ce y más pro - fun - do que pue - do

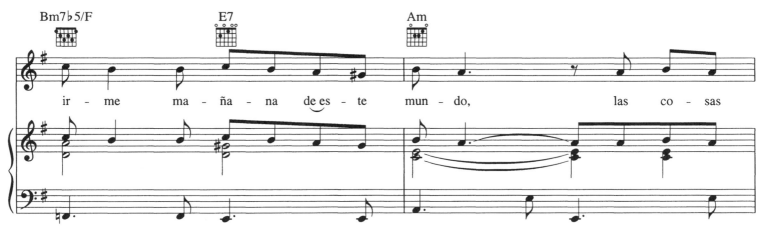

irme ma-ña-na de es-te mun-do, las co-sas

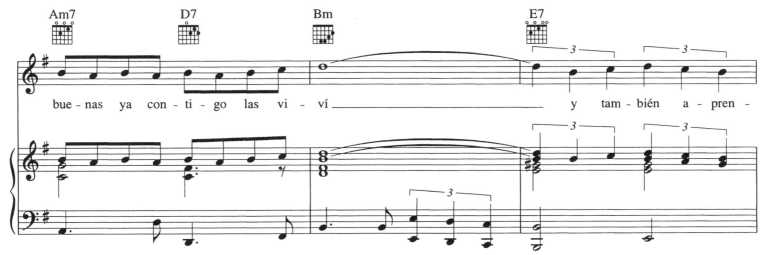

bue-nas ya con-ti-go las vi-ví _____ y tam-bién a-pren-

dí, que yo na-cí el dí-a en que te co-no-cí. _____

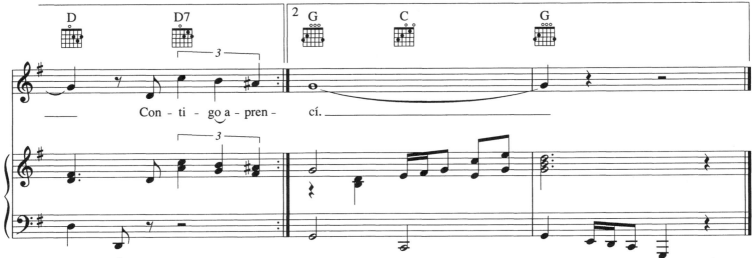

Con-ti-go a-pren-cí. _____

DESVELO DE AMOR

Words and Music by
RAFAEL HERNANDEZ

Su - fro mu - cho tu au - sen - cia, no ___ te lo

nie - go. ___ Yo no pue - do vi - vir

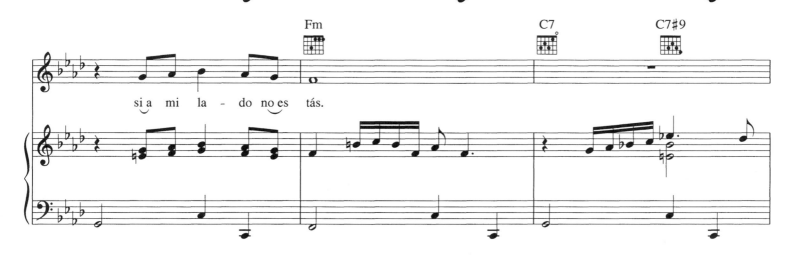

si a mi la - do no es - tás.

Di - cen que __ soy co - bar - de que __ ten - go mie - do __

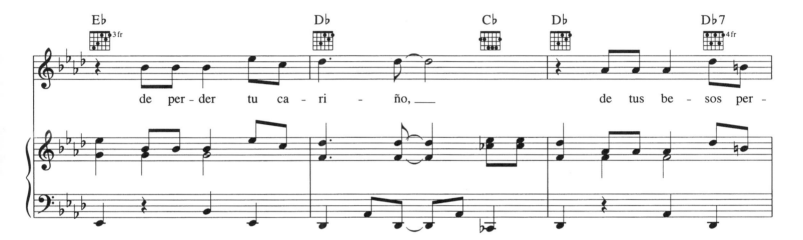

de per - der tu ca - ri - ño, ___ de tus be - sos per -

der. _____ Yo com - pren - do que es

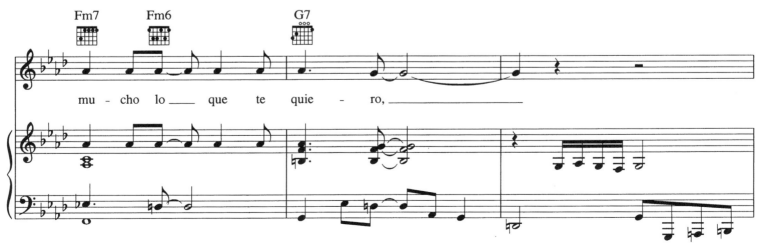

mu - cho lo __ que te quie - ro, _____

no pue-do ___ re-me-diar lo que ___ voy a ha- cer. _____

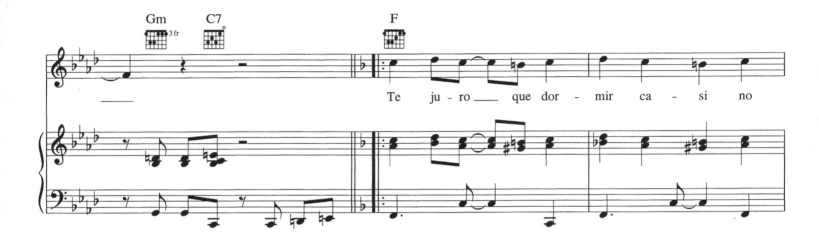

___ Te ju-ro ___ que dor-mir ca-si no

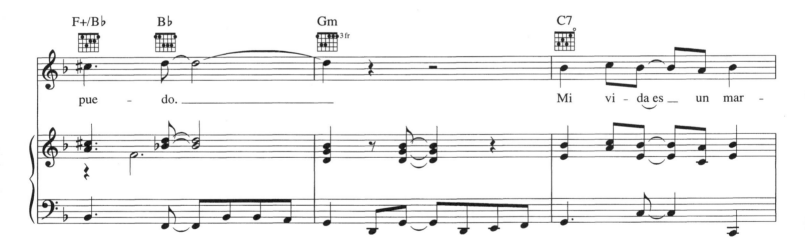

pue- do. _____ Mi vi-da es ___ un mar-

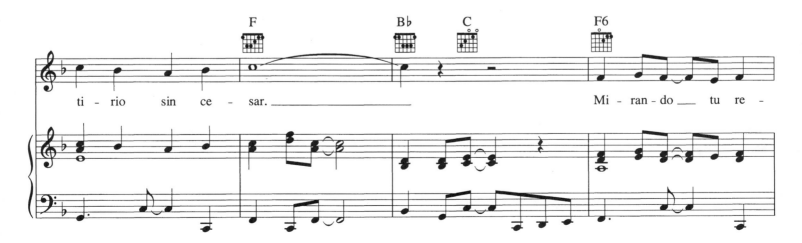

ti - rio sin ce-sar. _____ Mi - ran-do ___ tu re-

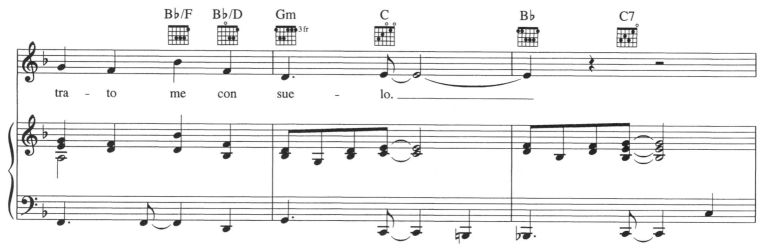

tra - to me con sue - lo. _____

Vuel - vo a dor - mir y vuel - vo a des - per - tar. _____

_____ De - jo el le - cho me a - so - mo a la ven -

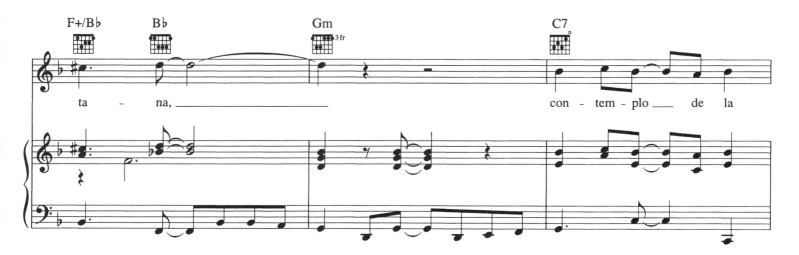

ta - na, _____ con - tem - plo _____ de la

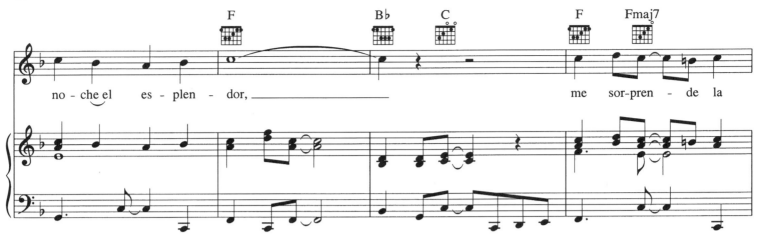

no - che el es - plen - dor, _____ me sor-pren - de la

luz de la ma - ña - na _____

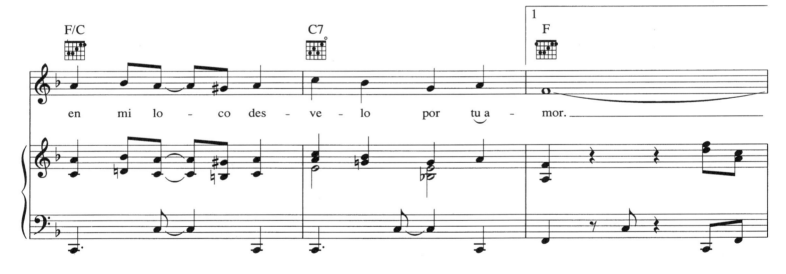

en mi lo - co des - ve - lo por tu a - mor. _____

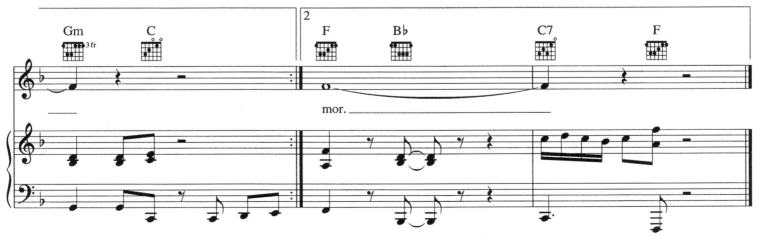

_____ mor. _____

CONTIGO EN LA DISTANCIA

Words and Music by
CÉSAR PORTILLO DE LA LUZ

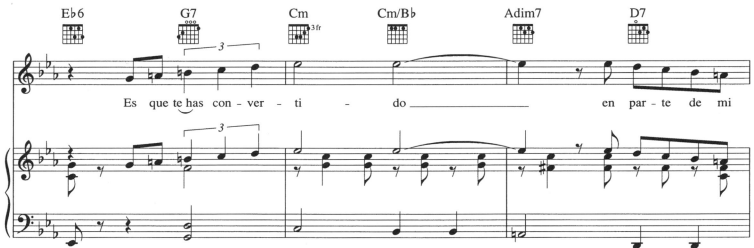

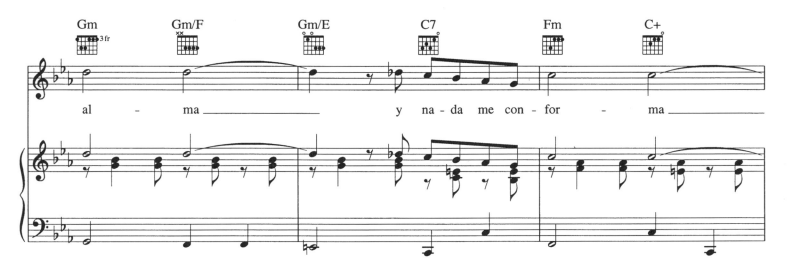

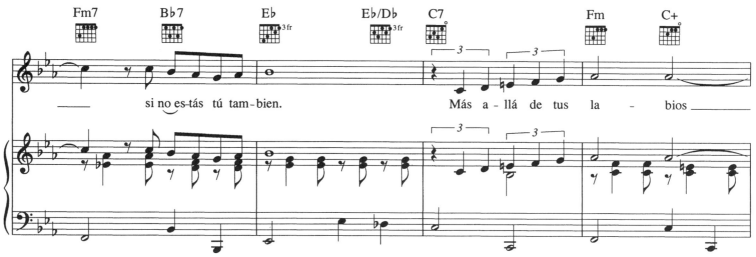

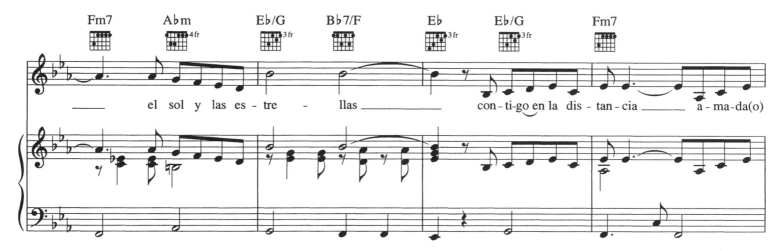

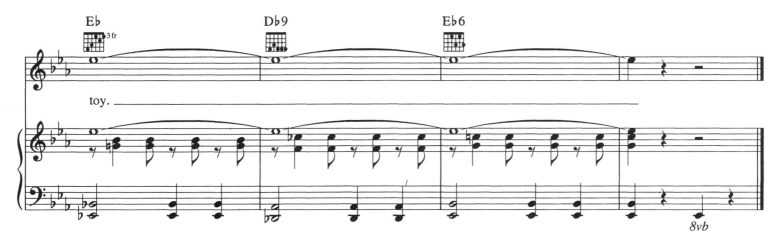

EL RELOJ

Words and Music by
ROBERTO CANTORAL

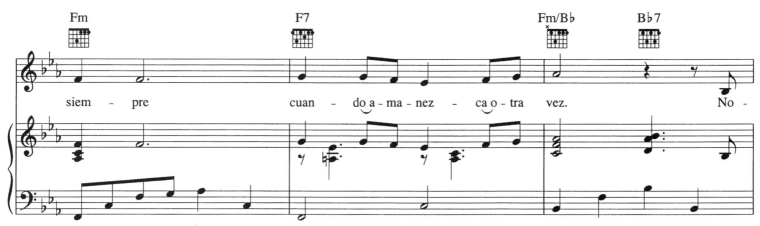

más nos que - da es - ta no - che pa - ra vi - vir nues-tro a -

mor, y tu tic, tac, me re - cuer - da

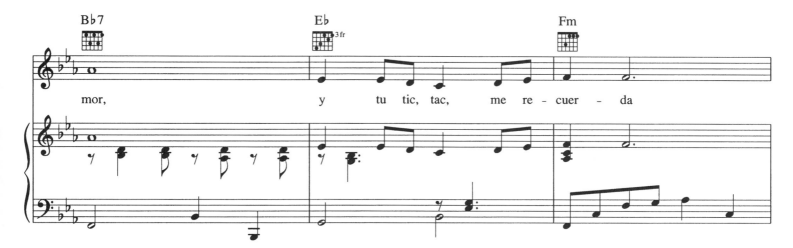

mi i - rre - me - dia - ble do - lor. Re - loj, de - ten tu ca -

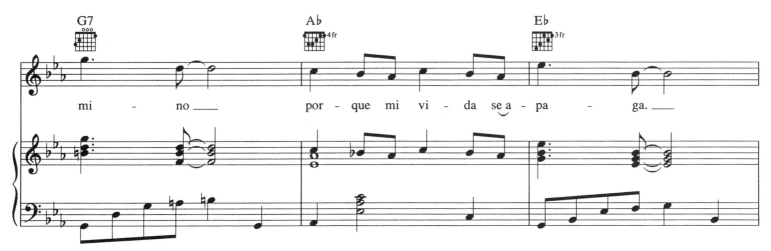

mi - no por - que mi vi - da se a - pa - ga.

E - lla es la es-tre - lla que a lum-bra mi ser. Yo, sin su a-mor, no soy na - da. De -

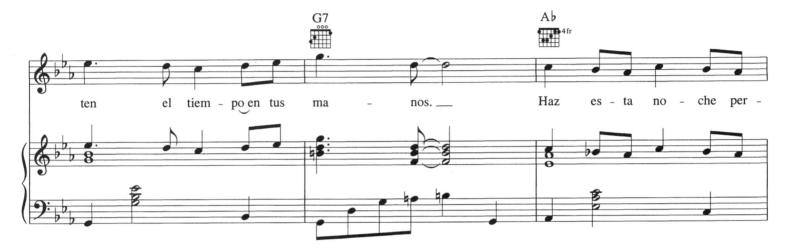

ten el tiem-po en tus ma - nos. ___ Haz es-ta no-che per -

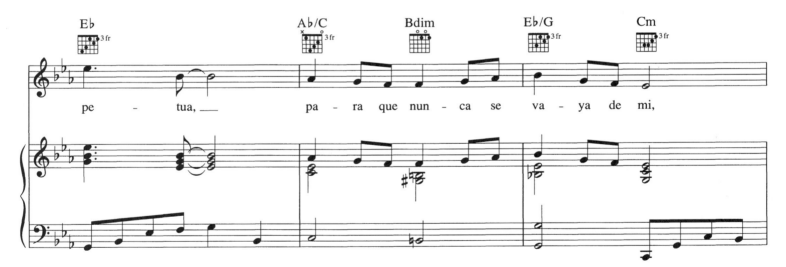

pe - tua, ___ pa - ra que nun-ca se va-ya de mi,

pa - ra que nun-ca a-ma-nez-ca.

EL TRISTE

Words and Music by
ROBERTO CANTORAL

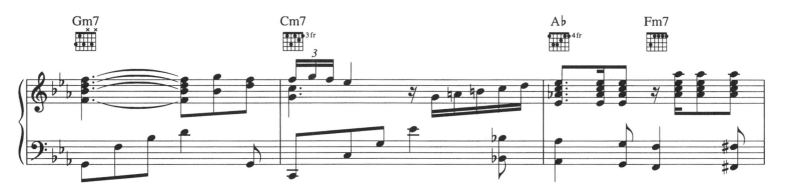

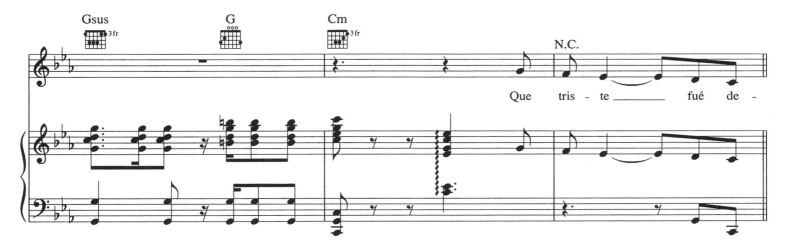

Que tris - te _____ fué de -

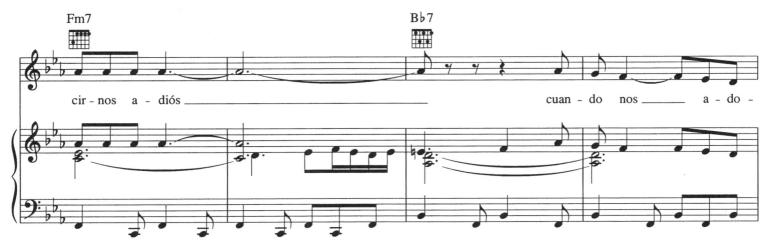

cir - nos a - diós _____ cuan - do nos _____ a - do -

Gm7   Cm7

rá - ba mos más. _____ Has -

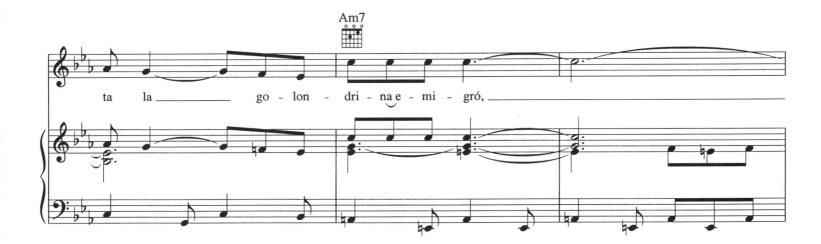

Am7

ta la _____ go - lon - dri - na e - mi - gró, _____

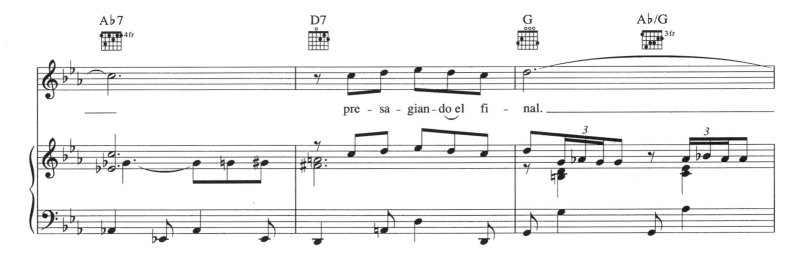

Ab7   D7   G   Ab/G

_____ pre - sa - gian - do el fi - nal. _____

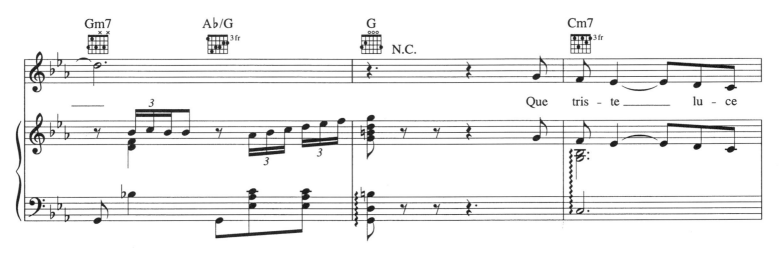

Gm7   Ab/G   G   Cm7
                                     N.C.

Que tris - te _____ lu - ce

to - do sin tí, _____ los

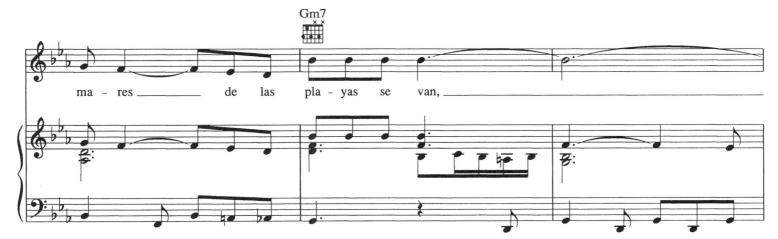

ma - res _____ de las pla - yas se van, _____

_____ se ti - ñen _____ los co - lo - res de gris. _____

Hoy to - do es so - le -

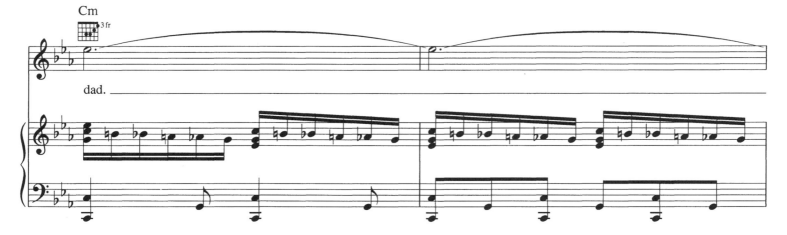

dad. _____

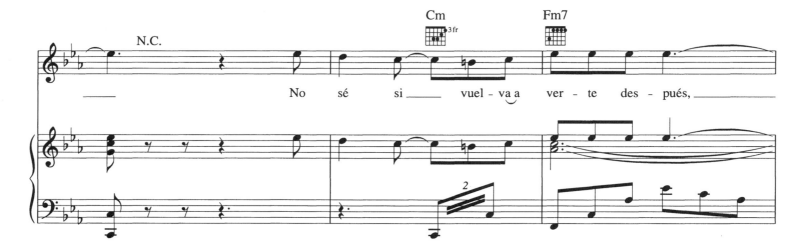

No sé si _____ vuel - va a ver - te des - pués, _____

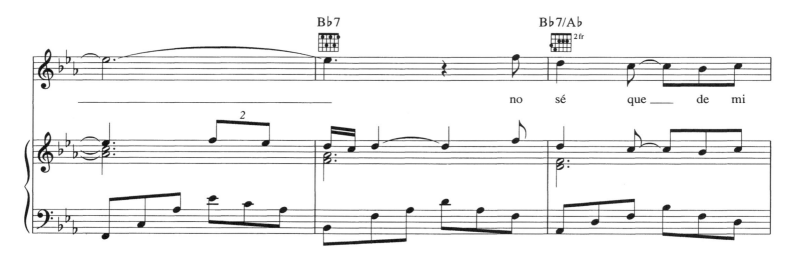

no sé que _____ de mi

vi - da se - rá, _____ sin

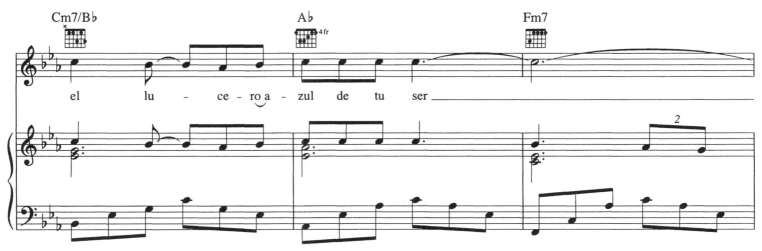

el lu - ce - ro a - zul de tu ser ____

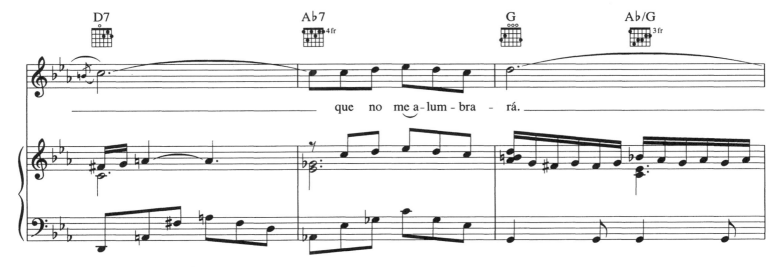

____ que no me a - lum - bra - rá. ____

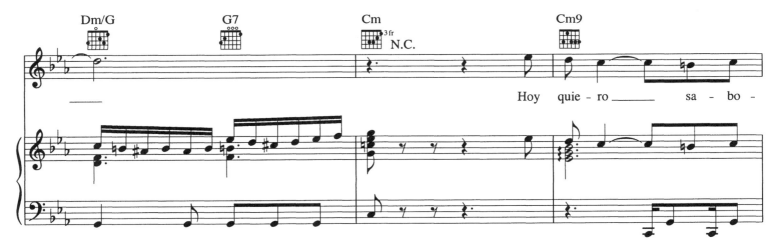

____ Hoy quie - ro ____ sa - bo -

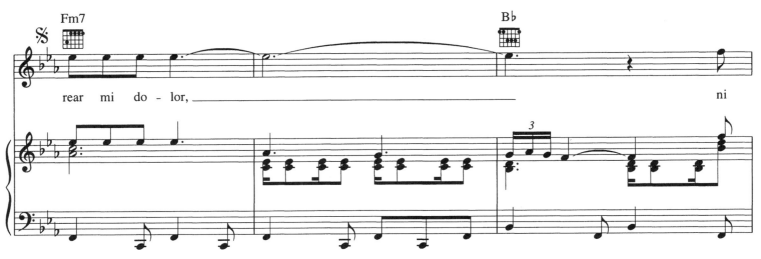

rear mi do - lor, ____ ni

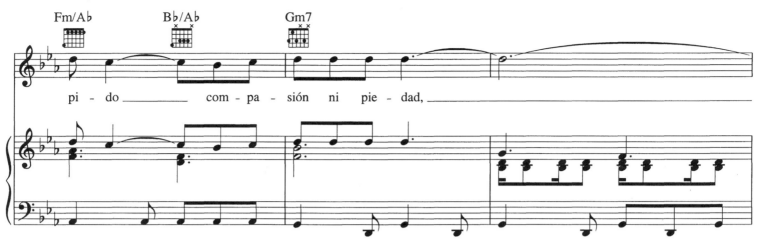

pi - do _____ com - pa - sión ni pie - dad, _____

_____ la his - to - ria ___ de es - te a - mor se es - cri - bió, _____

_____ pa - ra la e - ter - ni - dad. _____

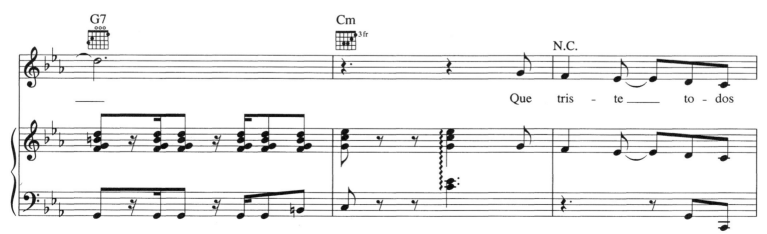

Que tris - te _____ to - dos

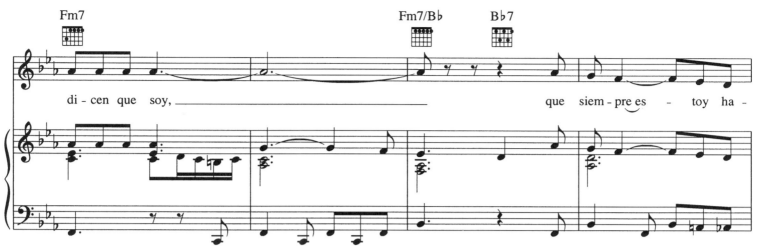

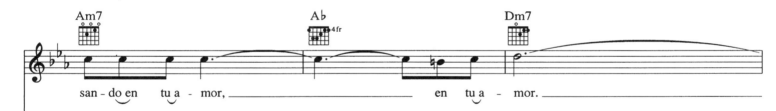

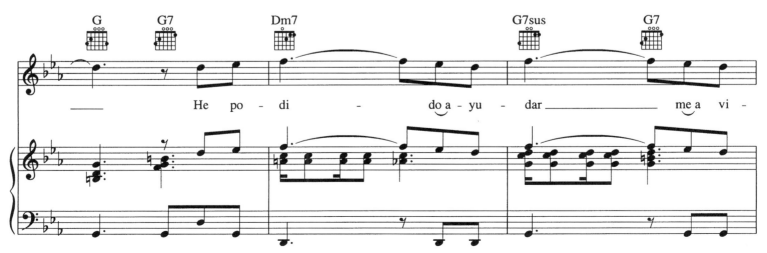

To Coda ⊕

vir. _____ He po - di - do, _____ a - yu - dar-me a vi -

vir. _____ Ah, _____

ah, _____

ah, _____ ah. _____

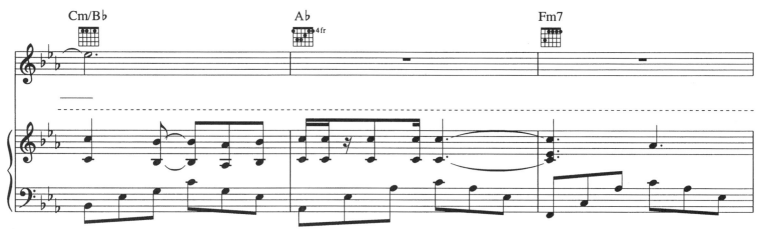

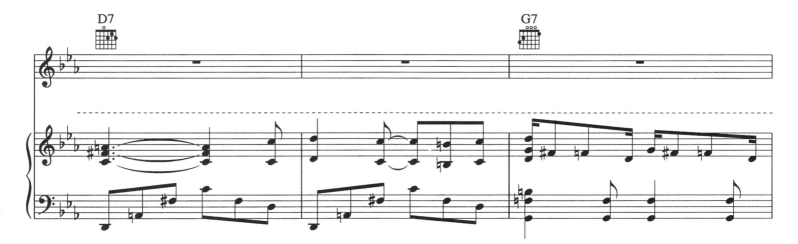

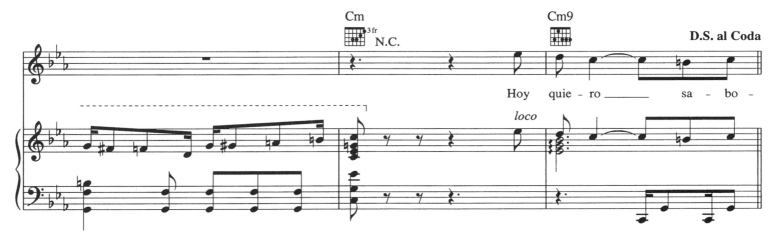

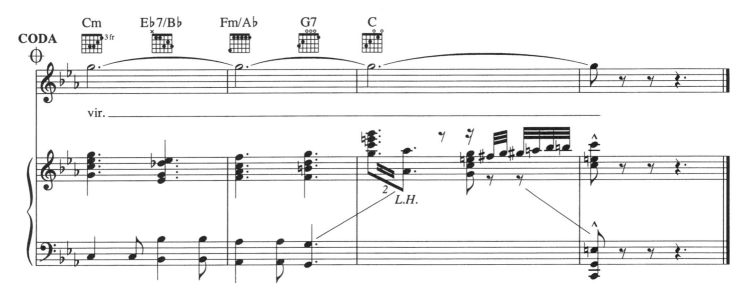

ESCÁNDALO

Music by RUBEN FUENTES
Words by RAFAEL CARDENAS

Por - que tu a-mor es mi es-pi - na por las cua-tro es-

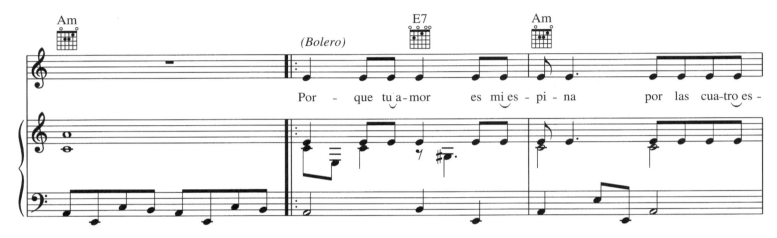

qui - nas ha-blan de los dos.   Que es un es-cán - da-lo

di - cen y has-ta me mal - di - cen por dar - te mi a-mor.   No ha - gas ca-so de la

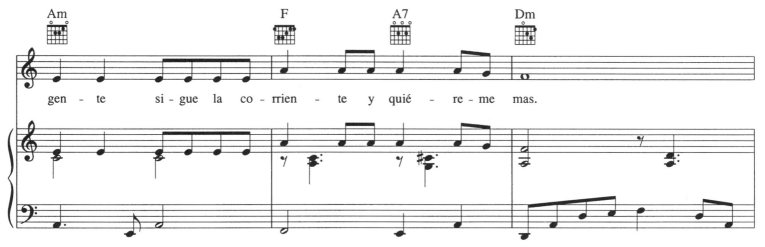

gen - te si - gue la co - rrien - te y quié - re - me mas.

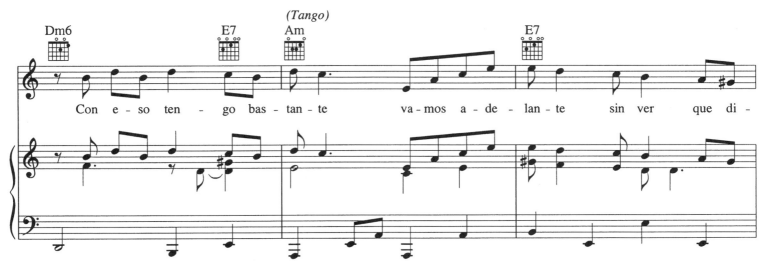

(Tango)

Con e - so ten - go bas - tan - te va - mos a - de - lan - te sin ver que di -

(Cha Cha)

rán. Si yo pu - die - ra al - gún dí - a ____

re - mon - tar me a las es - tre - llas ____ con - mi - go te lle - va -

ri - a _____ a don-de na - die nos vie - ra. _____

(Bolero)

No ha - gas ca - so de la gen - te si - gue la co-rrien - te y quié - re - me

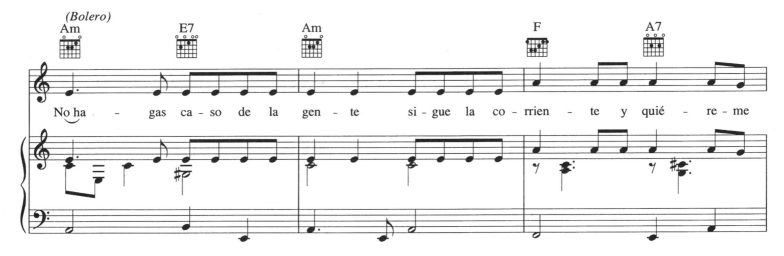

(Tango)

mas. Que si es-to es es - can - da - lo - so es mas ver - gon -

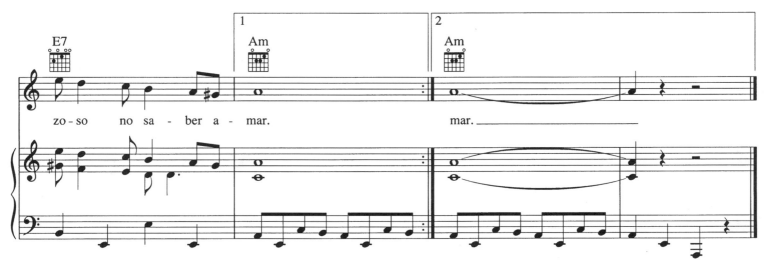

zo - so no sa - ber a - mar. mar. _____

¿DIME?
(Feelings)

English Words and Music by MORRIS ALBERT
Spanish Words by THOMAS FUNDORA

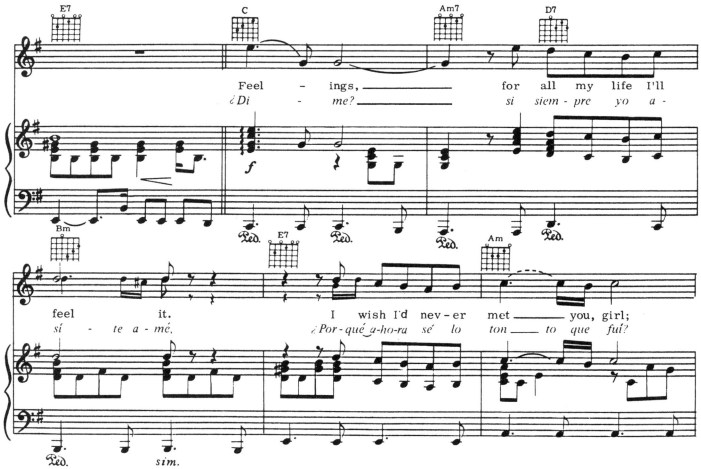

85

FRENESÍ

Words and Music by
ALBERTO DOMINGUEZ

INOLVIDABLE

Words and Music by
JULIO GUTIERREZ

LA BARCA

Words and Music by
ROBERTO CANTORAL

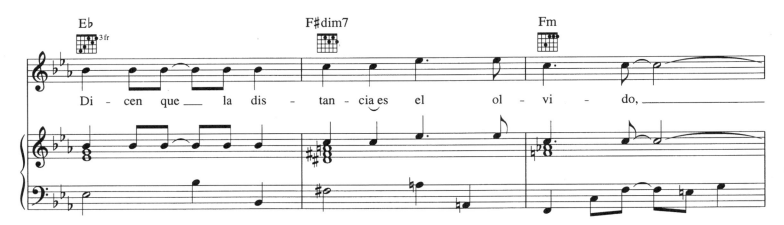

Di - cen que __ la dis - tan - cia es el ol - vi - do, ____

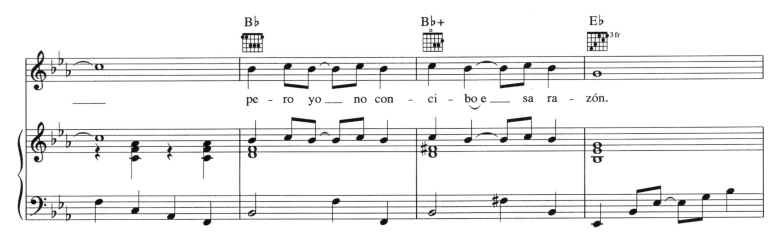

____ pe - ro yo __ no con - ci - bo e - sa ra - zón.

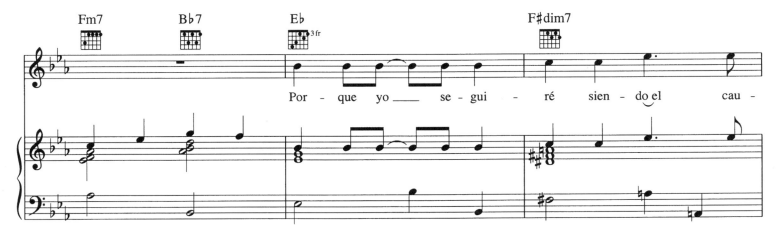

Por - que yo __ se - gui - ré sien - do el cau -

ti - vo _____ de los ca - pri-chos de tu _____ co - ra -

zón. Su - pis - te es _____ cla - re - cer mis _____ pen - sa -

mien - tos. Me dis - te _____ la ver -

dad que yo so - ñé. _____ Ahu - yen - tas - te de

mi los su - fri - mien - tos _____ en la pri - me - ra

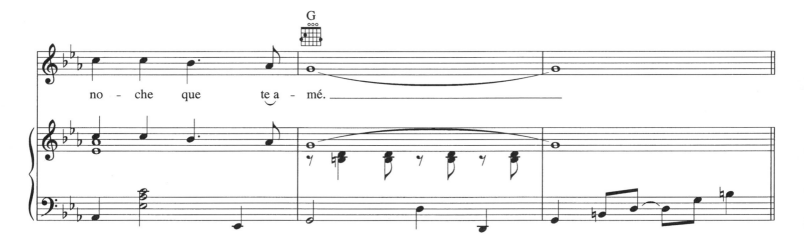

no - che que te a - mé. _____

Hoy mi pla - ya se vis - te de a - mar - gu - ra _____
Cuan - do la ___ luz del sol se es - té a - pa - gan - do _____

por - que tu ___ bar - ca tie - ne que par -
y te sien - tas can - sa - da de va -

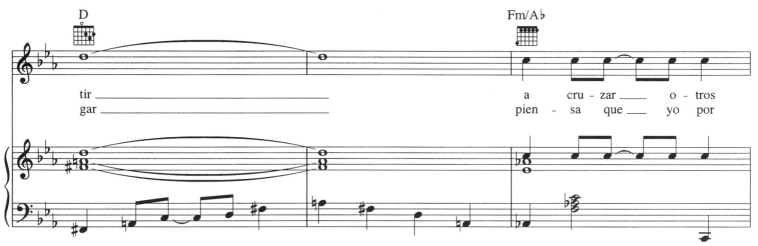

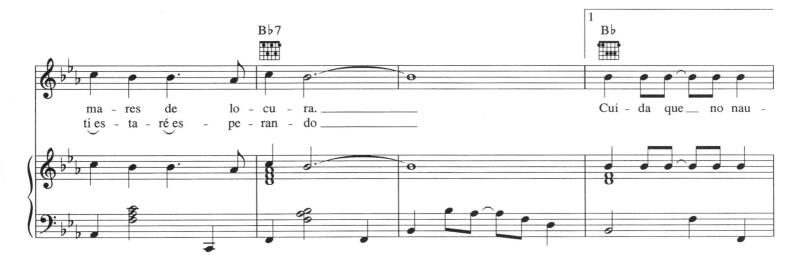

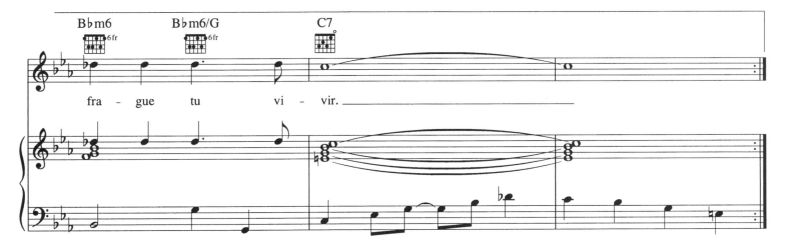

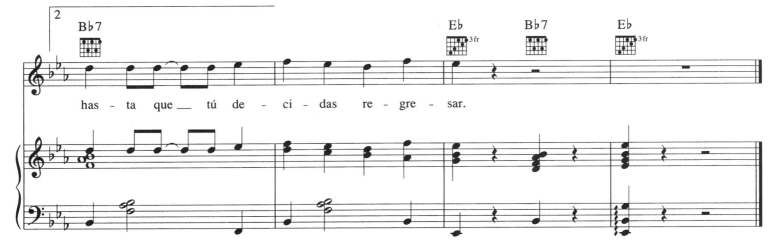

LA PUERTA

Words and Music by
LUIS DEMETRIO

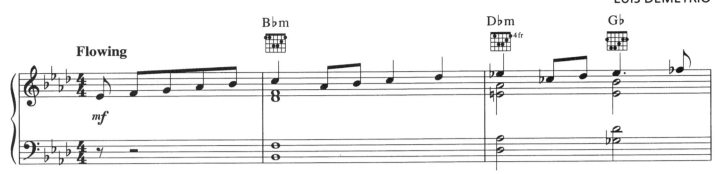

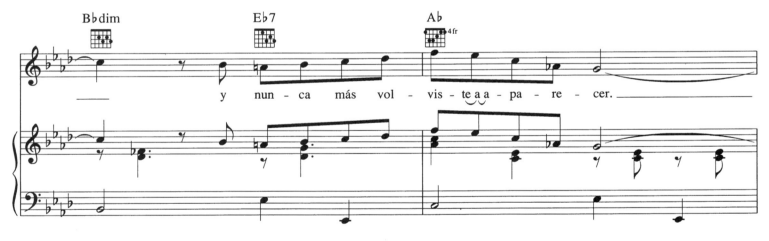

La puer-ta se ce-rró de-trás de ti _____

_____ y nun-ca más vol-vis-te a a-pa-re-cer. _____

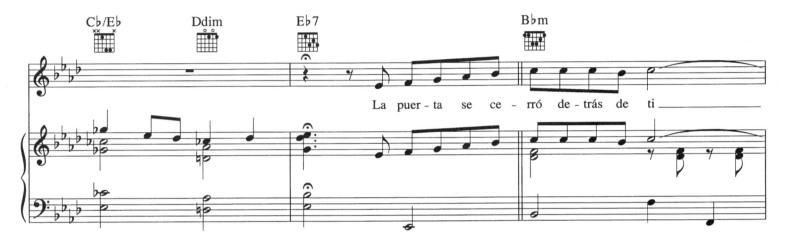

De-jas-te a-ban-do-na-da la i-lu-sión que ha-bía en-mi co-ra-zón por

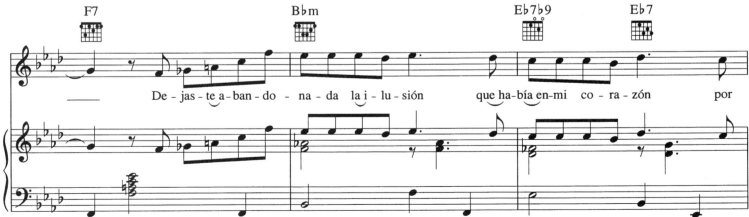

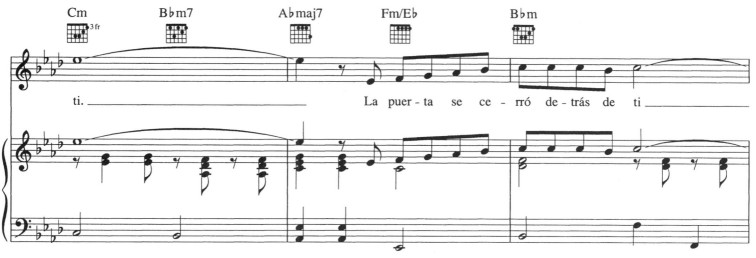

ti._____ La puer - ta se ce - rró de - trás de ti _____

_____ y a - sí de - tras de ti se fué mi a - mor _____ cre - yen - do que po -

drí - a con - ven - cer a tu al - ma de mi pa - de - cer. _____

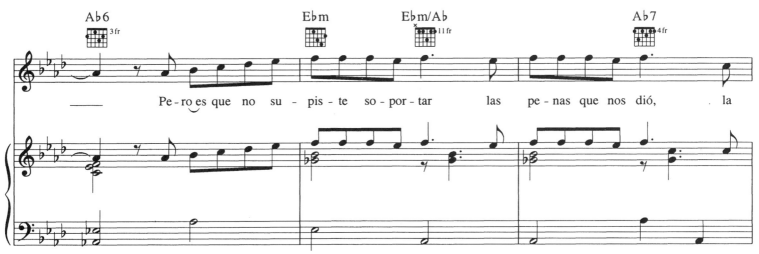

_____ Pe - ro es que no su - pis - te so - por - tar las pe - nas que nos dió, la

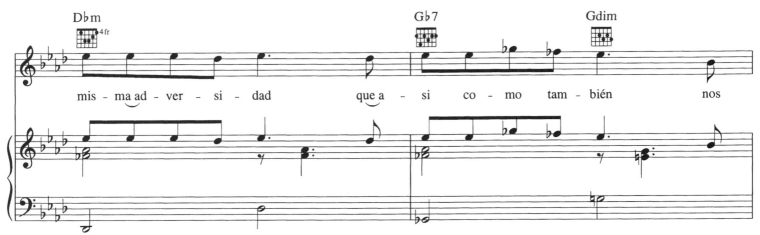

mis - ma ad - ver - si - dad   que a - sí co - mo tam - bién   nos

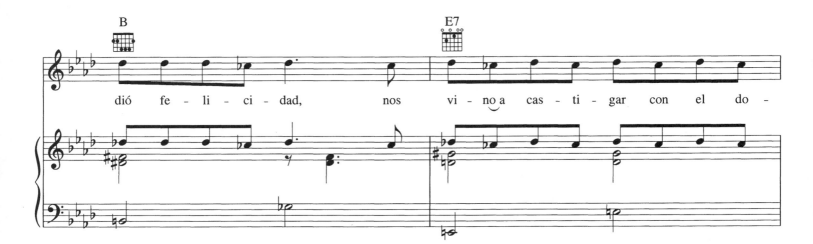

dió fe - li - ci - dad,   nos vi - no a cas - ti - gar con el do -

lor. _____   La puer - ta se ce -

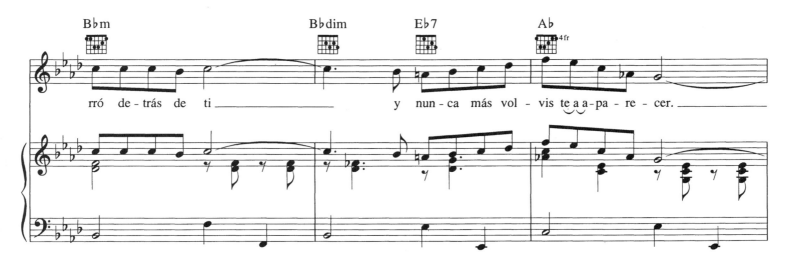

rró de - trás de ti _____   y nun - ca más vol - vis - te a a - pa - re - cer. _____

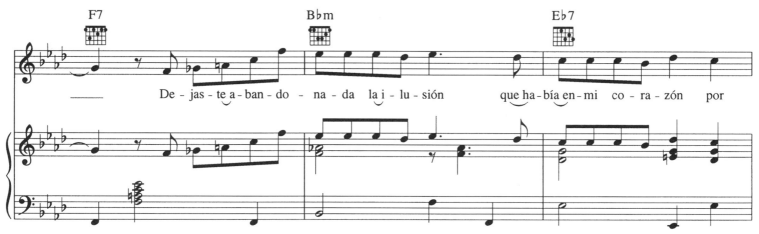

De - jas - te a - ban - do - na - da la i - lu - sión   que ha - bía en - mi   co - ra - zón   por

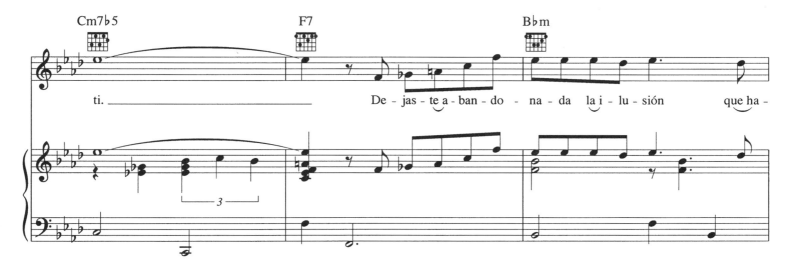

ti. _____ De - jas - te a - ban - do - na - da la i - lu - sión   que ha -

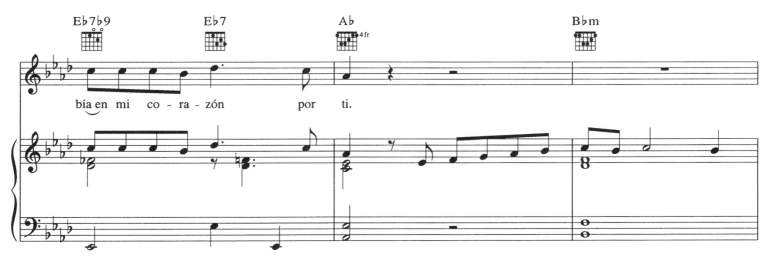

bía en mi   co - ra - zón   por   ti.

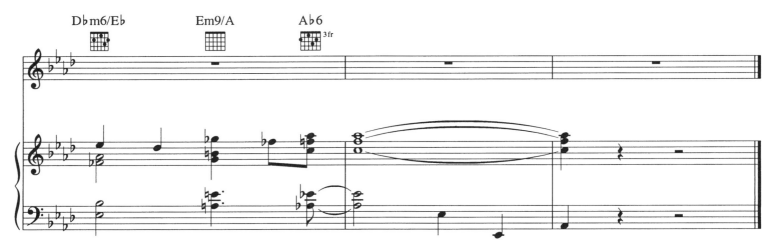

LA ÚLTIMA NOCHE

Words and Music by
ROBERTO (BOBBY) COLLAZO

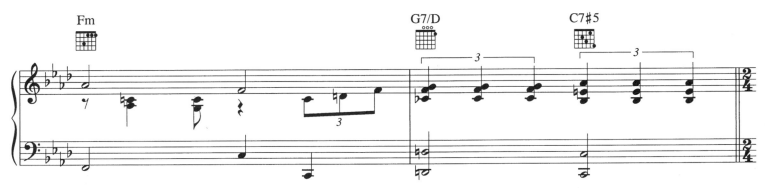

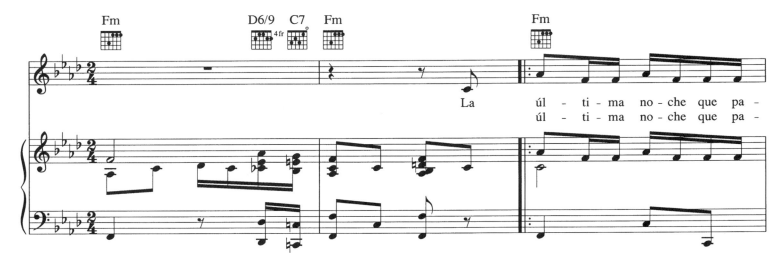

La úl-ti-ma no-che que pa-
úl-ti-ma no-che que pa-

sé con-ti-go la lle-vo guar-da-da co-mo fiel tes-ti-go dé a-
sé con-ti-go qui-sie-ra ol-vi-dar-la, pe-ro no he po-di-do. La

que - llos mo - men - tos en que fuis - te mi - a. y hoy quie - ro bo - rrar - la de mi
úl - ti - ma no - che que pa - sé con - ti - go

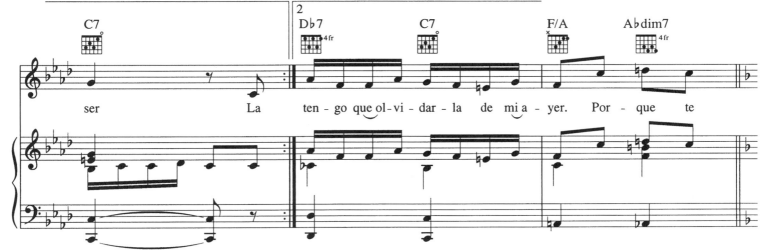

ser   La ten - go que ol - vi - dar - la de mi a - yer. Por - que te

fuis - te _____ a - que - lla no - che _____ por - que te
jas - te _____ a - que - lla no - che _____ co - mo re -

fuis - te _____ sin re - gre - sar _____ Y me de -
cuer - do _____

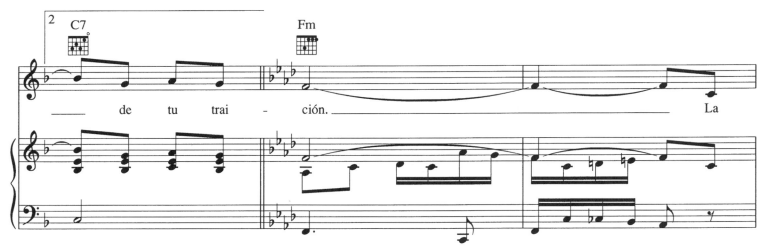

de tu trai - ción. _____ La

úl - ti - ma no - che que pa - sé con - ti - go la lle - vo guar-da-da co - mo

fiel tes - ti - go de a - que - llos mo - men - tos en que fuis - te mí - a

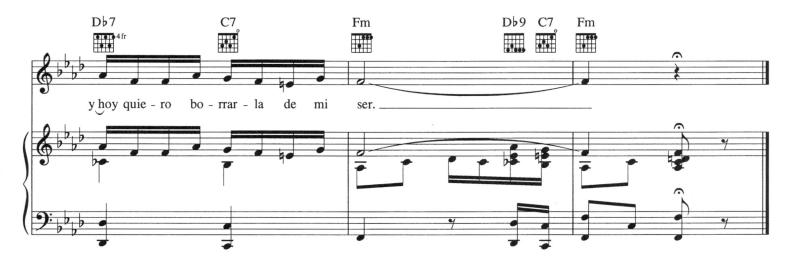

y hoy quie - ro bo - rrar - la de mi ser. _____

NO ME PLATIQUES MÁS

Words and Music by
VINCENTE GARRIDO

No quie-ro ya sa-ber qué pu-do su-ce-der en to-dos es-tos a-ños

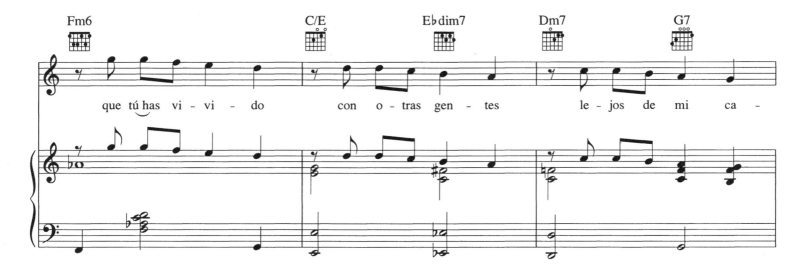

que tú has vi-vi-do con o-tras gen-tes le-jos de mi ca-

ri - ño. _____ Te quie-ro tan-to que me en-

ce - lo has-ta de lo que pu-do ser

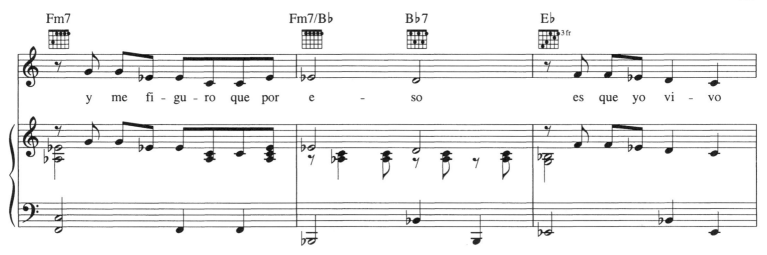

y me fi - gu - ro que por e - so   es que yo vi - vo

tan in - tran - qui - lo.   No me pla - ti - ques ya.   Dé - ja - me i - ma - gi - nar

que no ex - is - te el pa - sa - do   y que na - ci - mos   el mis mo ins - tan - te

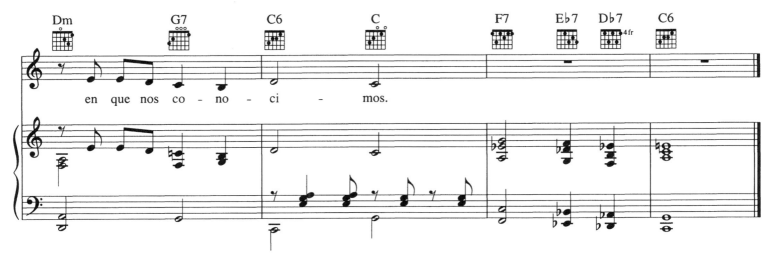

en que nos co - no - ci - mos.

LA VIDA ES UN SUEÑO

Words and Music by
ARSENIO RODRÍGUEZ

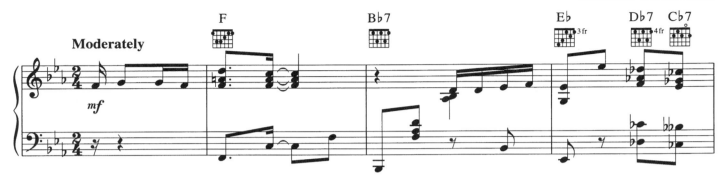

Moderately

Des-pués qe u - no vi - va vein-te de - sen - ga - ños que im-por-ta u - no

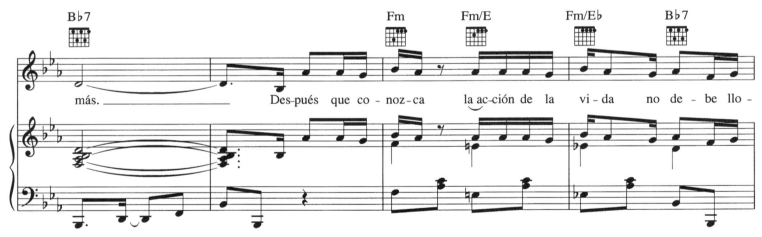

más. _____ Des-pués que co - noz-ca la ac-ción de la vi - da no de-be llo -

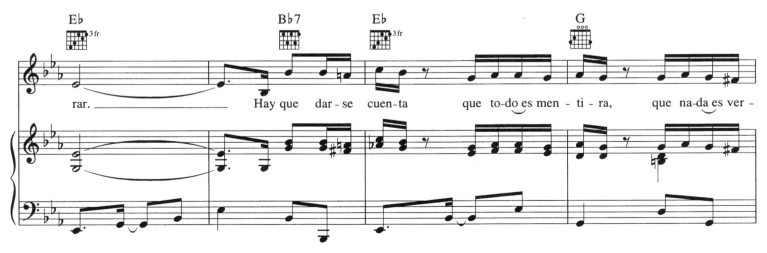

rar. _____ Hay que dar-se cuen-ta que to-dos es men - ti - ra, que na-da es ver -

MUJER

Words and Music by
AUGUSTIN LARA

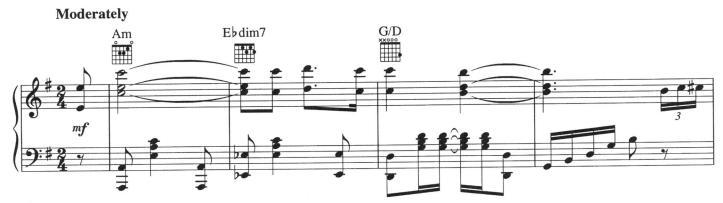

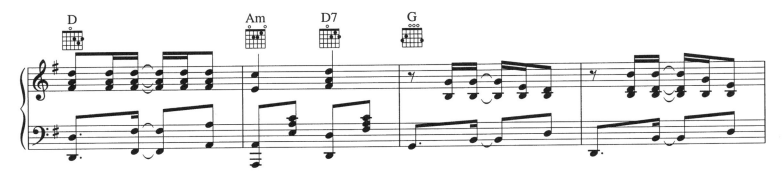

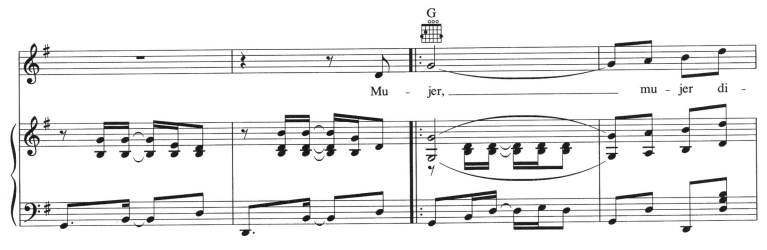

Mu - jer, _____ mu - jer di -

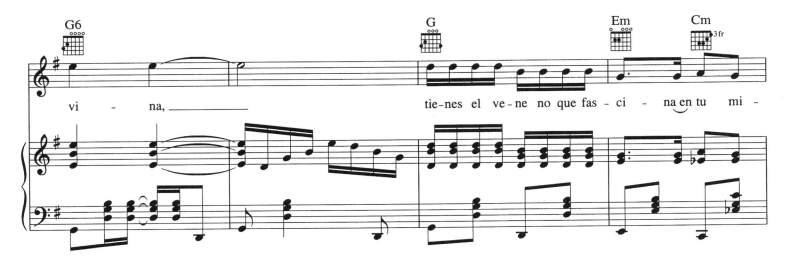

vi - na, _____ tie - nes el ve - no que fas - ci - na en tu mi -

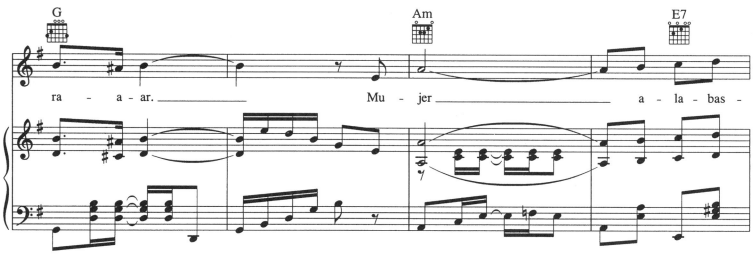

ra - a - ar. _____ Mu - jer _____ a - la - bas -

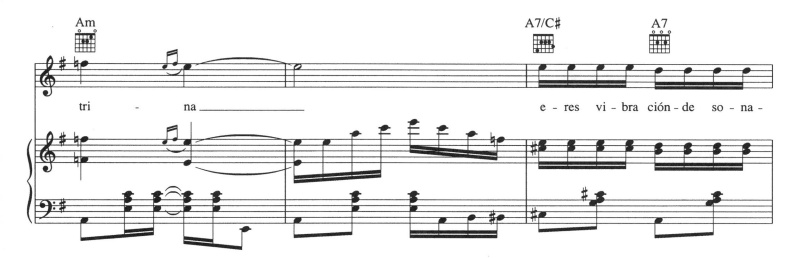

tri - na _____ e - res vi - bra ción - de so - na -

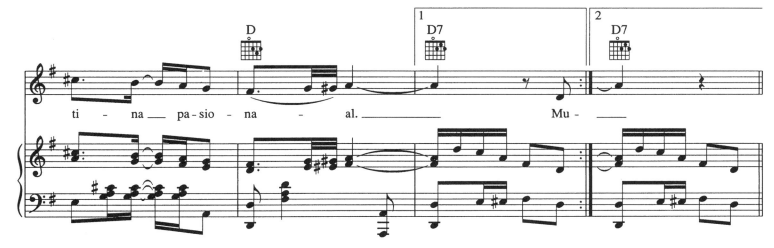

ti - na __ pa - sio - na - al. _____ Mu - _____

Tie - nes el per - fu - me de un na - ran - jo en flor, _____

el al - ti - vo por - te de u - na ma - jes - tad. _____

Sa - bes de los fil - tros que hay en el a - mor. _____

Tie - nes el he - chi - zo de la li - vian - da _____

ad. La di - vi - na ma - gia de un a - tar - de - ce - er _____

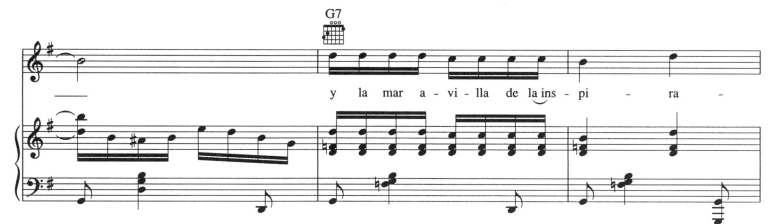

y la mar a - vi - lla de la ins - pi - ra -

ción. _____ Tie - nes en el rit - mo de tu ser

to - do el pal - pi - tar de u - na can - ción. E - res la i - lu - sión de mi ex - sis - tir mu -

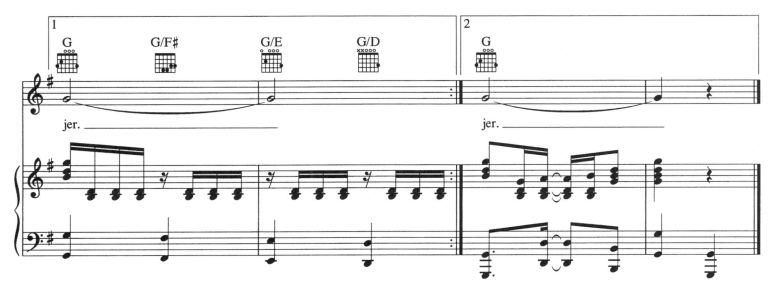

jer. _____ jer. _____

NOCHE DE RONDA
(Be Mine Tonight)

Words and Music by
MARIA TERESA LARA

118

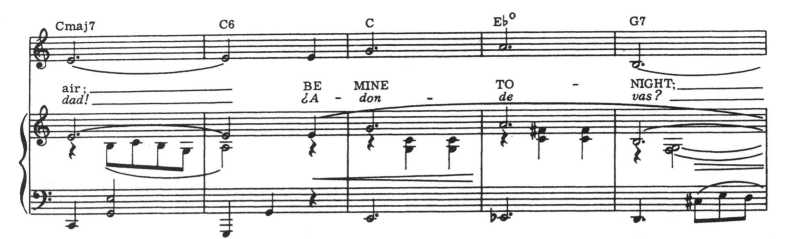

air; _____ BE MINE TO - NIGHT; _____
dad! _____ ¿A - don - de de vas?

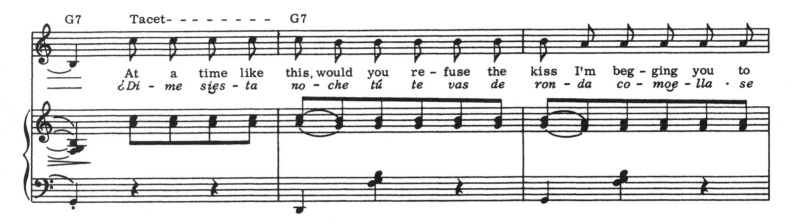

At a time like this, would you re - fuse the kiss I'm beg - ging you to
¿Di - me sies - ta no - che tú te vas de ron - da co - moe - lla - se

share, _____ BE MINE TO - NIGHT. _____
fué, _____ con quién es - tá? _____

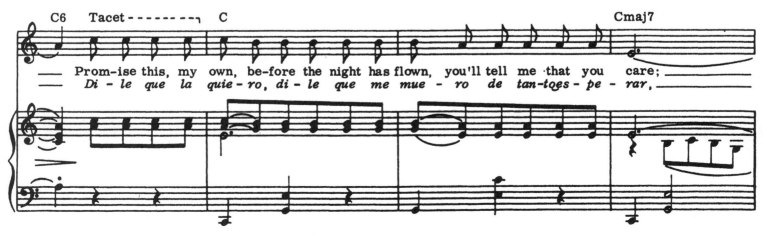

__ Prom-ise this, my own, be-fore the night has flown, you'll tell me that you care; _____
__ Di - le que la quie-ro, di - le que me mue - ro de tan-toes-pe - rar,

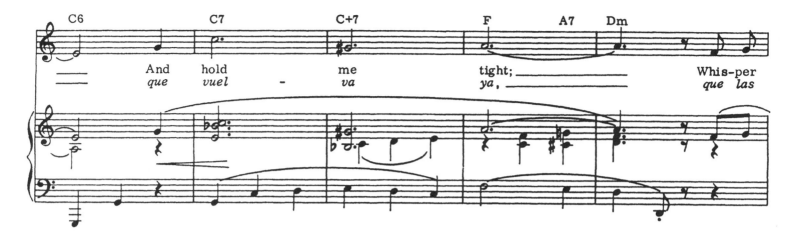

And hold   me   tight;____   Whis-per
que vuel - va   ya,____   que las

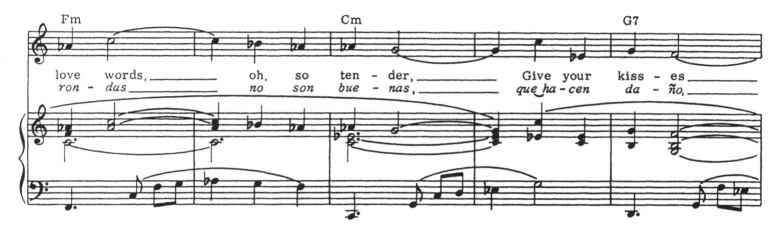

love words,____   oh, so ten - der,____   Give your kiss - es____
ron - das____   no son bue - nas,____   que ha - cen da - ño,____

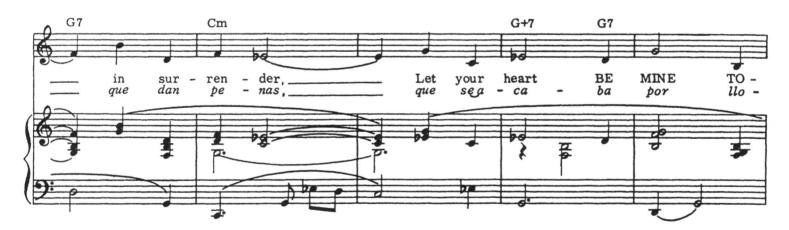

____ in sur - ren - der,____   Let your heart BE   MINE TO-
que dan pe - nas,____   que sea - ca - ba por   llo -

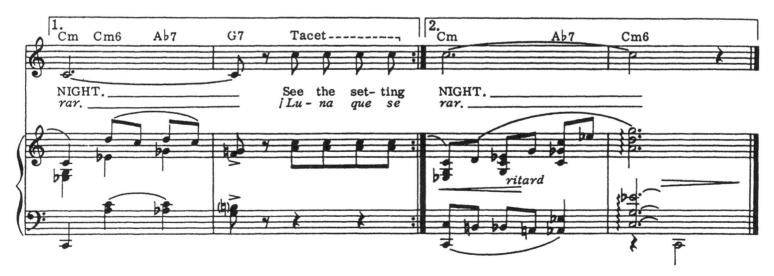

NIGHT.____   See the set- ting NIGHT.____
rar.____   ¡Lu - na que se rar.____

PEDACITO DE CIELO

Words and Music by
FRANK DOMINGUEZ

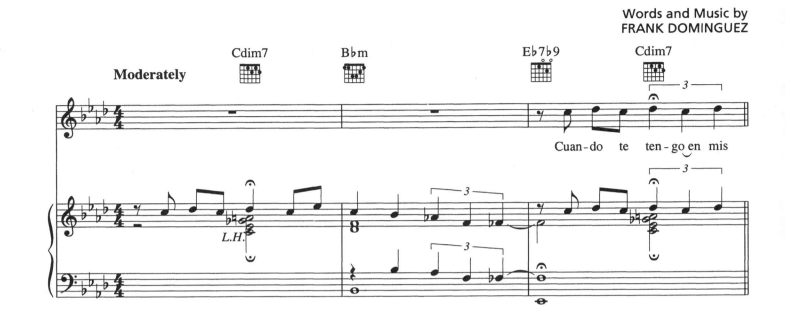

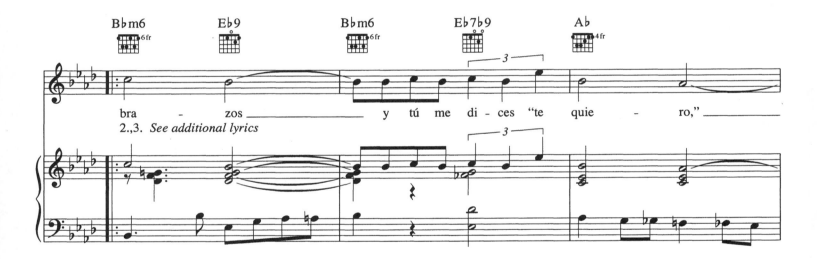

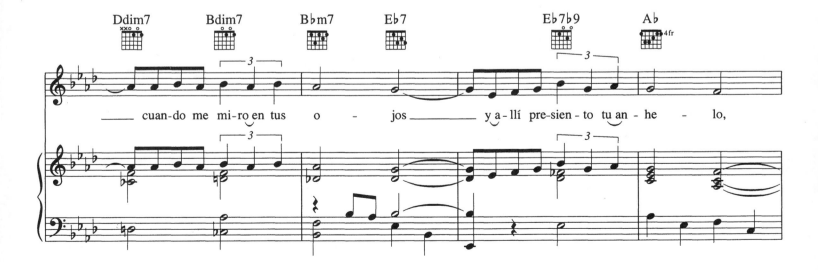

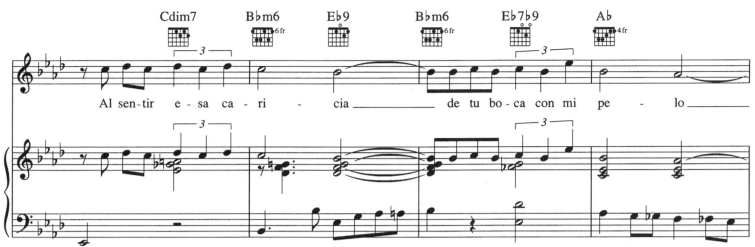

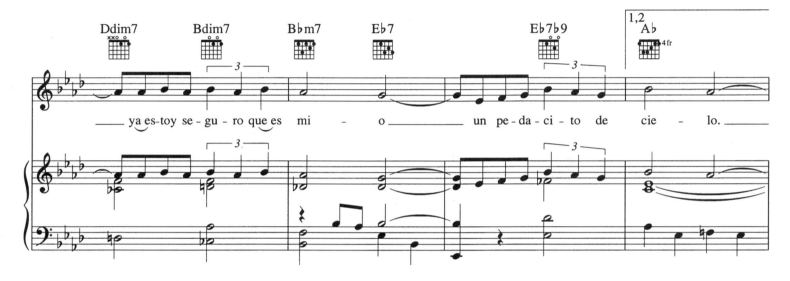

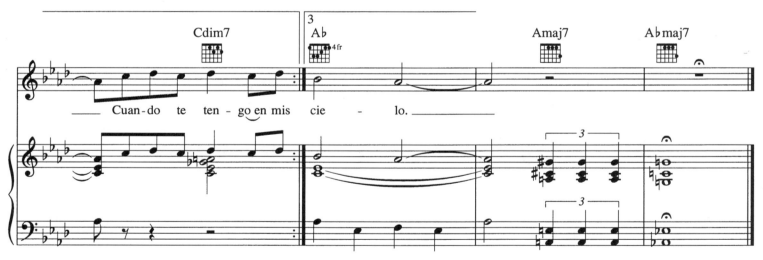

Additional Lyrics

2. Cuando te tengo en mis brazos
   Y tú me dices te quiero.
   Cuando me miro en tus ojos
   Y allí presiento tu anhelo.

   Yo me imagino que es mío
   Un pedacito de cielo.
   Sigo pensando que es mío
   Un pedacito de cielo.

3. Están demás muchas frases
   Cuando los ojos se hablan,
   Y decimos tantas cosas
   Sin pronunciar palabras.

   Al sentir esa caricia
   De tu boca con mi pelo,
   Ya estoy seguro que es mío
   Un pedacito de cielo...

NOSOTROS

Words and Music by
PEDRO JUNCO, JR.

Moderately

VERSE

I'm yours, you're mine, This love of ours was fat - ed,
A - tien - de me, quie - ro de - cir - te al - go

Two hearts as one were mat - ed, And we'll keep it that
qt qui zàsnqes pe - rcs do - lo - ro - so tal

way; Come rain, come shine,
vez Es - cú - cha - me

If you are there be - side me, I'll have your love to
qt aum-que me due leél al - ma yo ne - ce - si - to ha-

OBSESIÓN

Words and Music by
PEDRO FLORES

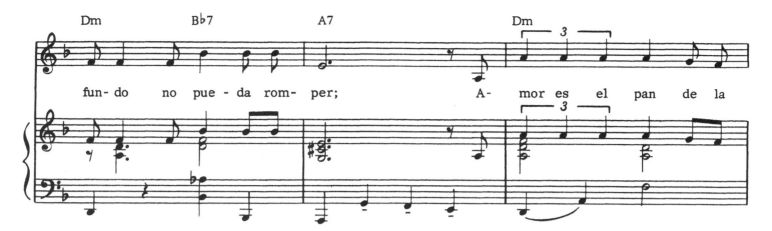

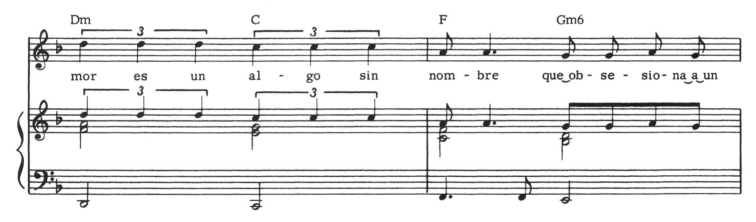

128

fun - do, no ha-bráu-na ba - rre - ra en el

mun -do que mi a-mor pro- fun -do no rom-pa por ti, Por

fun - do no rom-pa por tí;

No rom - pa por tí.

PERDÓN

Words and Music by
PEDRO FLORES

Lento

Per-
Ja-

don, _____ vida de mi vi - da, _____ per a -
más, _____ ha-brá quien se-pa - re _____ a -

dón, _____ si es que te he fal - ta - do, _____
mor _____ de tu a-mor y el mí - o, _____

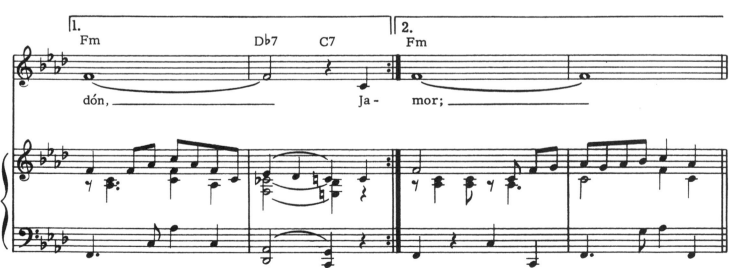

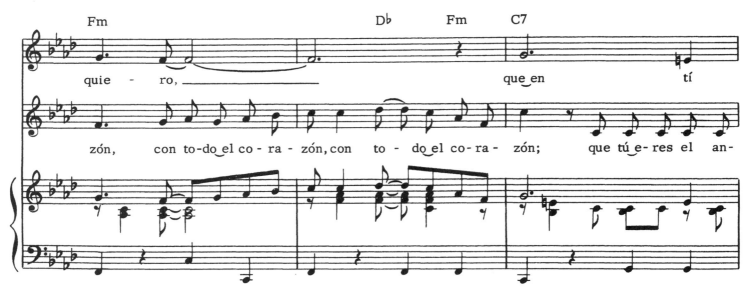

PERFIDIA

Words and Music by
ALBERTO DOMINGUEZ

POR AMOR

Words and Music by
RAFAEL SOLANO

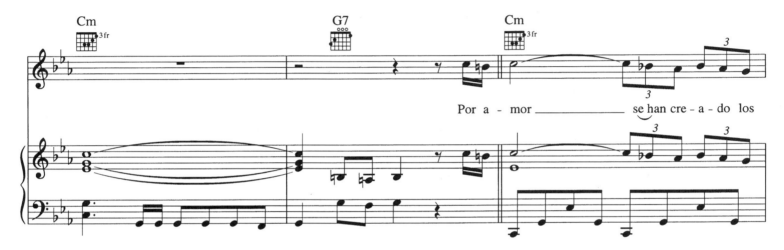

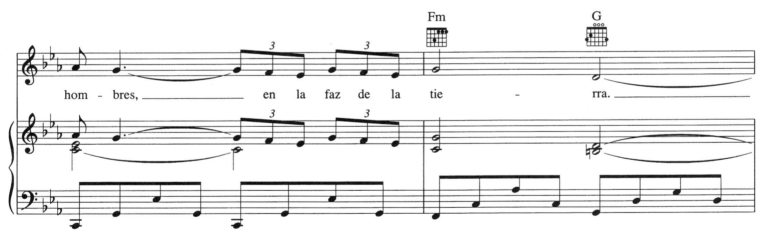

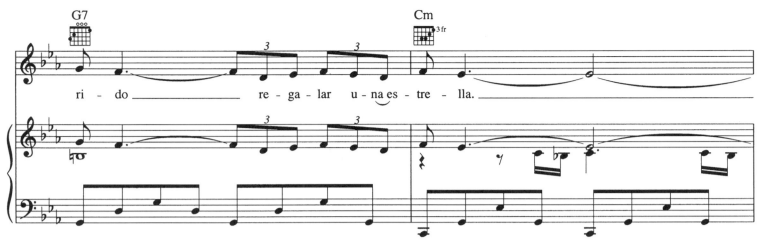

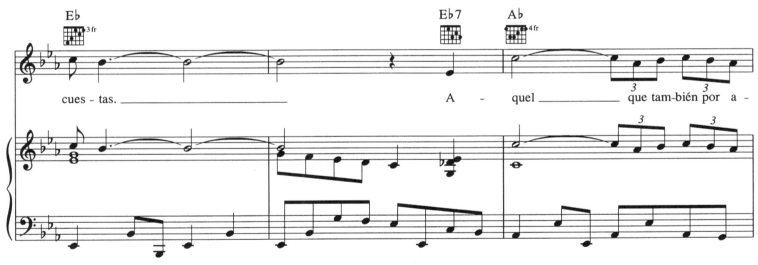

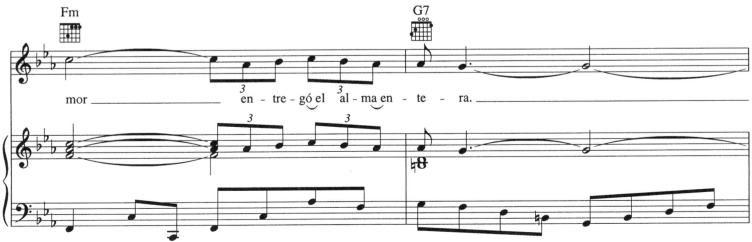

mun - do _____ siem-pre tan-ta be - lle - za _____ y el co -
cru - ces _____ que me-dió el su - fri - mien - to _____ y por

lor _____ de la na - tu - ra - le - za _____ se pin - tó por a -
fin _____ lo que fue - ra mi suer - te _____ se cam - bió por a -

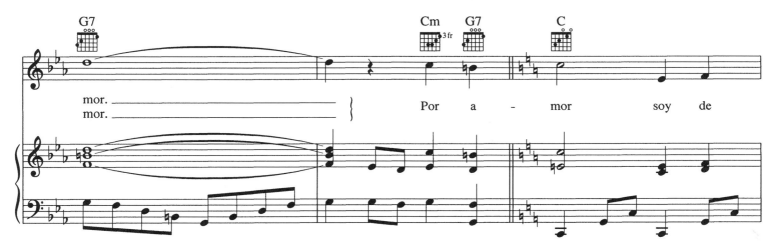

mor. _____
mor. _____ } Por a - mor soy de

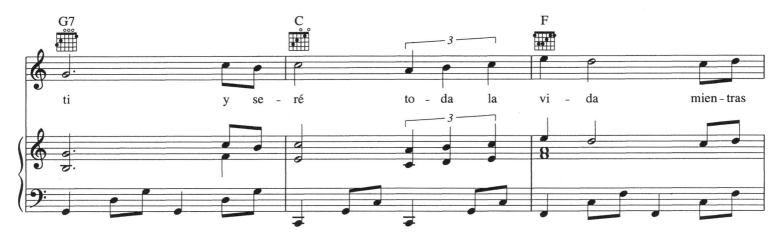

ti   y se - ré to - da la vi - da mien - tras

viva, por a-mor soy de ti, por a - mor, por a-mor, por a-mor.

Por a- Por a-

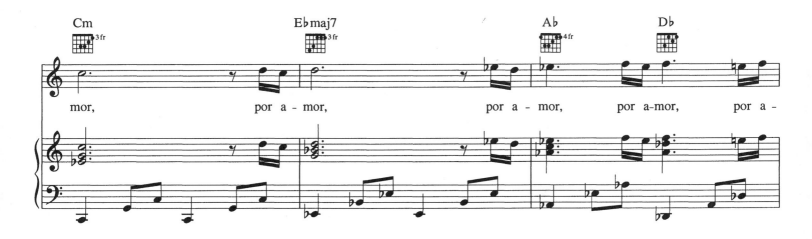

mor, por a-mor, por a-mor, por a-mor, por a-

mor.

PORQUE TÚ ME ACOSTUMBRASTE

Words and Music by
FRANK DOMINGUEZ

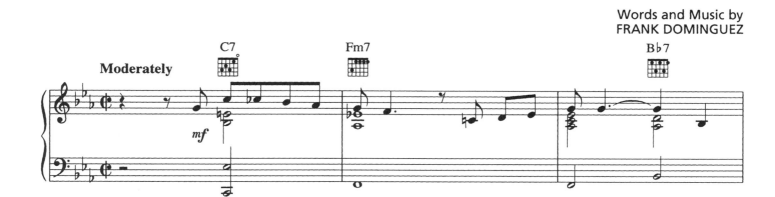

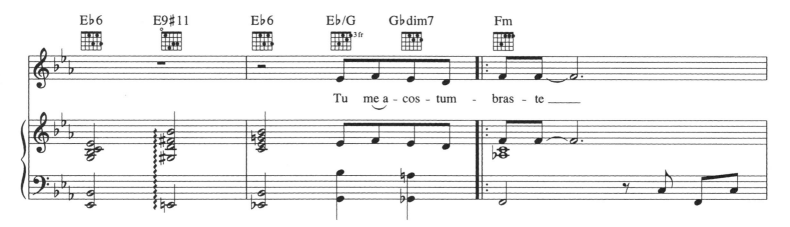

Tu me a - cos - tum - bras - te _____

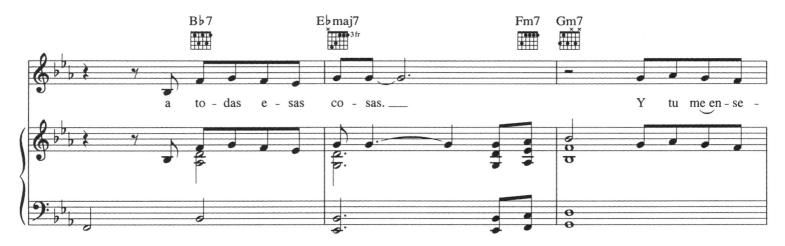

a to - das e - sas co - sas. _____ Y tu me en - se -

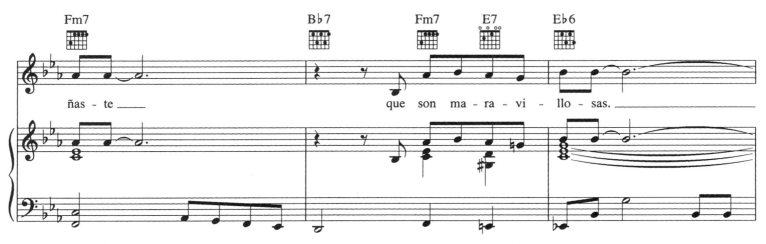

ñas - te _____ que son ma - ra - vi - llo - sas. _____

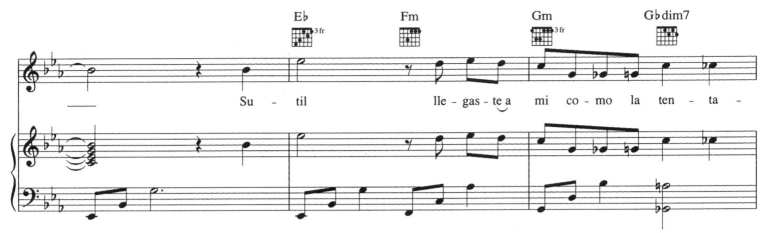

Su - til   lle - gas - te a mi co - mo la ten - ta -

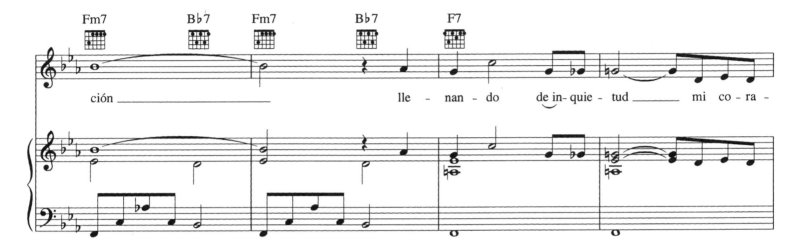

ción _____   lle - nan - do   de in - quie - tud _____ mi co - ra -

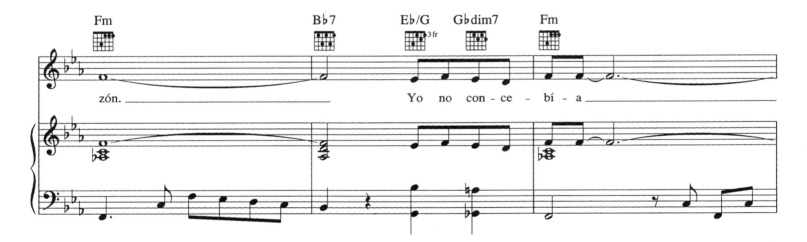

zón. _____   Yo   no con - ce - bí - a _____

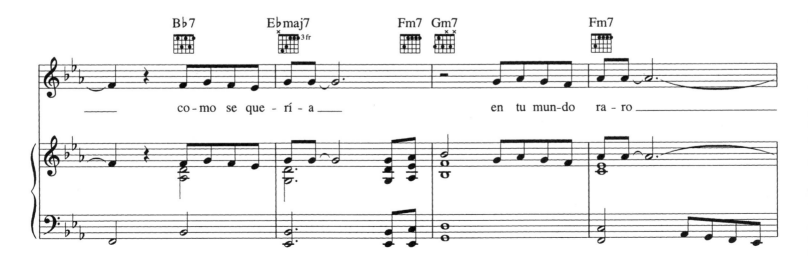

_____   co - mo se que - rí - a _____   en tu mun - do ra - ro _____

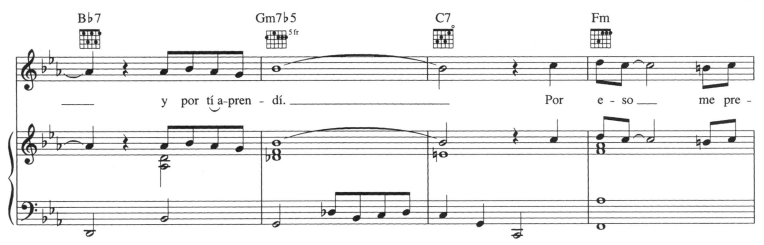

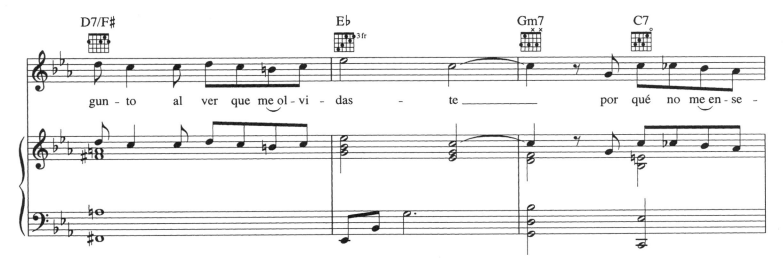

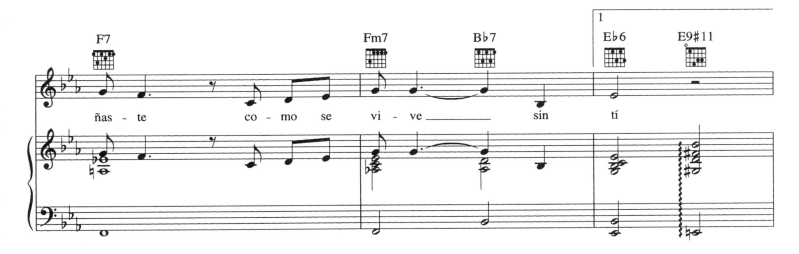

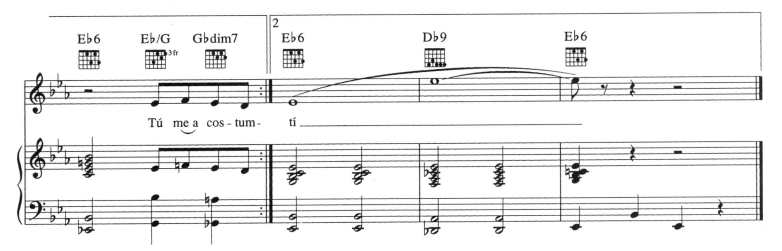

QUIZÁS, QUIZÁS, QUIZÁS
(Perhaps, Perhaps, Perhaps)

Music and Spanish Words by OSVALDO FARRES
English Words by JOE DAVIS

If you can't make your mind up,__ we'll nev-er__ get start-ed;__
Es-tás per-dien-do el tiem-po__ pen-san-do,__ pen-san-do;__

And I don't want to wind up,__ be-ing part-ed, bro-ken-heart-ed;__
Por lo que mas tú quie-ras has-ta cuan-do, has-ta cuan-do;__

So, if you real-ly love me,__ say "yes," But if you don't, dear,__ con-
Ya-sí pa-san los dí-as y yo de-ses-pe-ra-do__ y

fess, And please don't tell me,__ PER-HAPS, PER-HAPS, PER-
tú, tú con-tes-tan-do__ QUI-ZAS, QUI-ZAS, QUI-

1. HAPS.   You won't ad-mit you   HAPS.__
ZAS.   *Siem-pre que te pre-*   ZAS.__

2.

col 8

REGÁLAME ESTA NOCHE

Words and Music by
ROBERTO CANTORAL

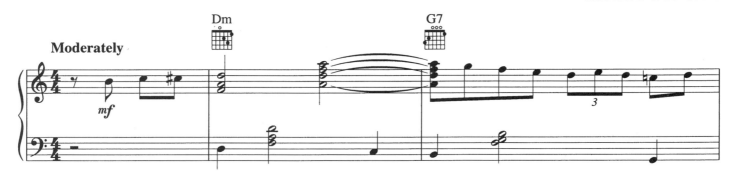

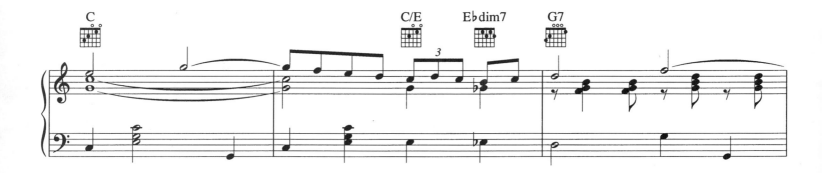

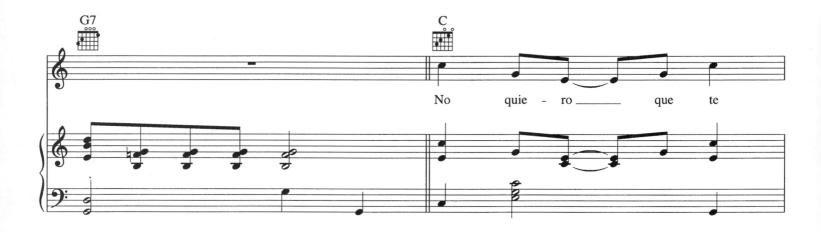

No quie - ro _____ que te

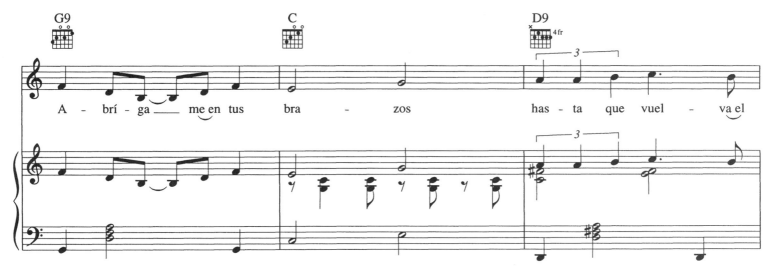

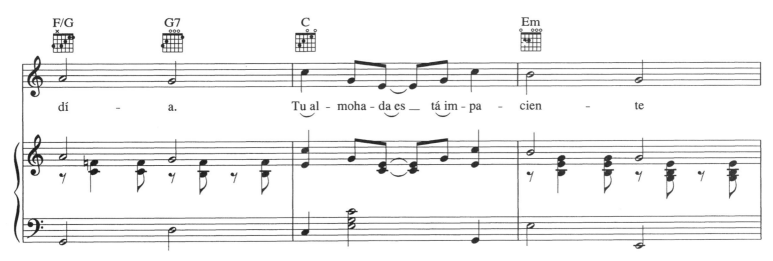

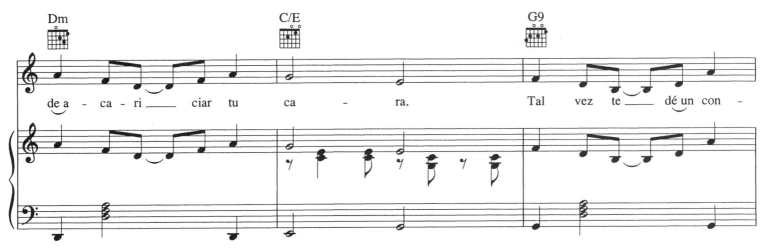

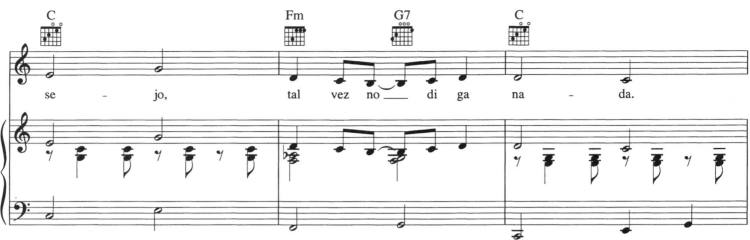

se - jo, tal vez no __ di ga na - da.

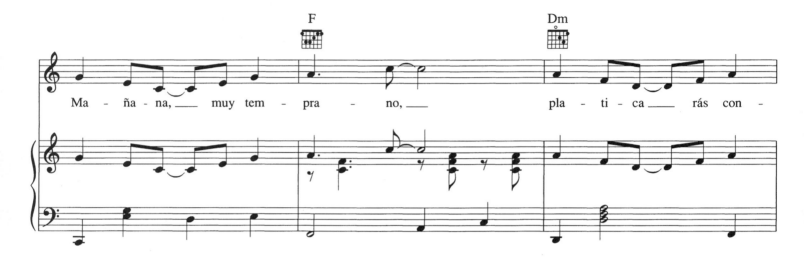

Ma - ña - na, __ muy tem - pra - no, __ pla - ti - ca __ rás con -

mi - go __ y si es - tás __ de - ci -

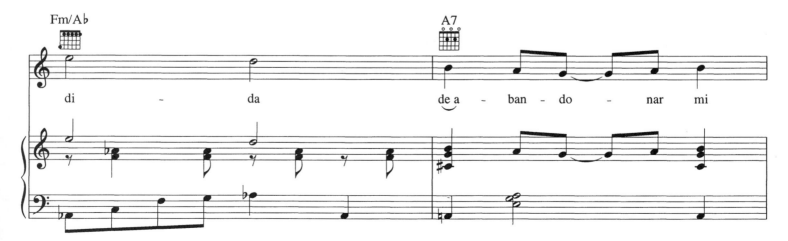

di - da de a - ban - do - nar mi

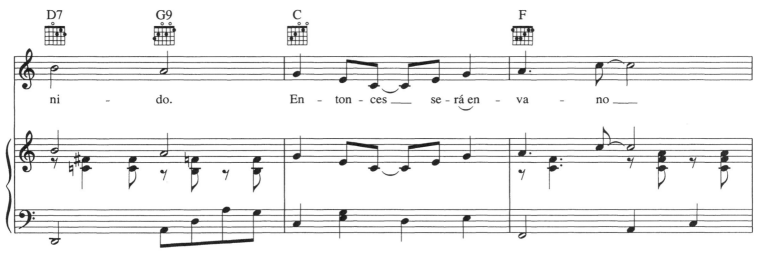

ni - do. En - ton - ces ___ se - rá en - va - no ___

tra - tar de ___ de - te - ner - te. ___ Re - gá - la ___ me es - ta

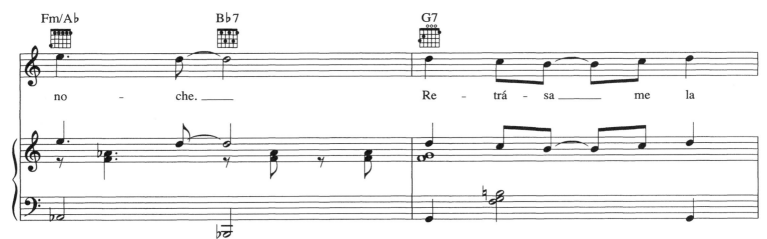

no - che. ___ Re - trá - sa ___ me la

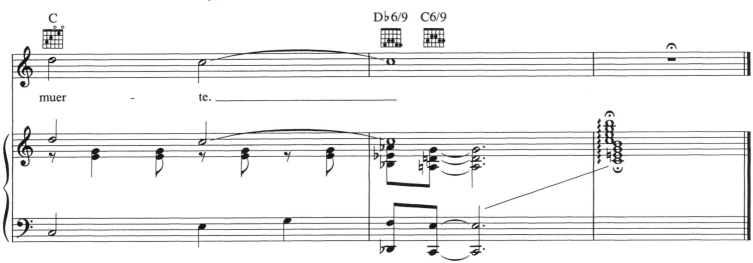

muer - te. _____

SABRÁS QUE TE QUIERO

Words and Music by
TEDDY FREGOSO

Moderately

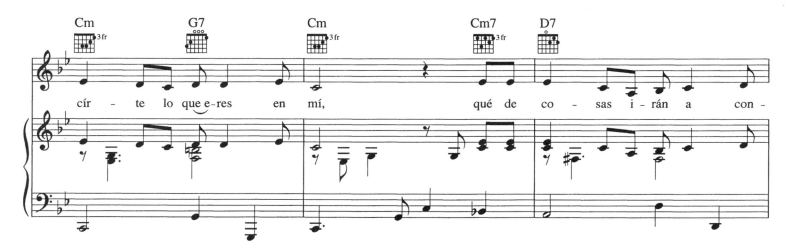

Cuan-do pue-dan mis no-ches ha-blar-te y lo-gren de-

cír-te lo que e-res en mí, qué de co-sas i-rán a con-

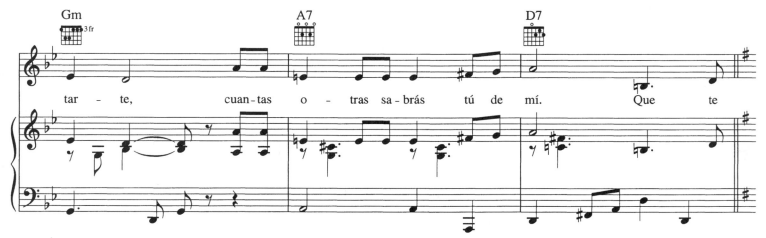

tar-te, cuan-tas o-tras sa-brás tú de mí. Que te

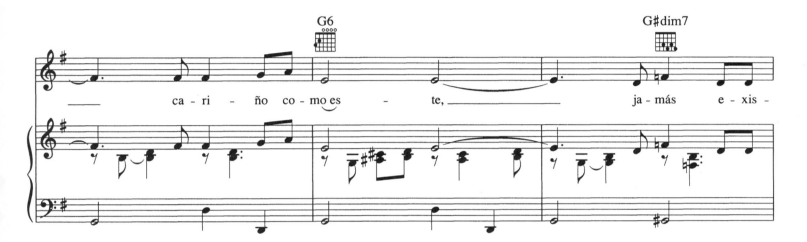

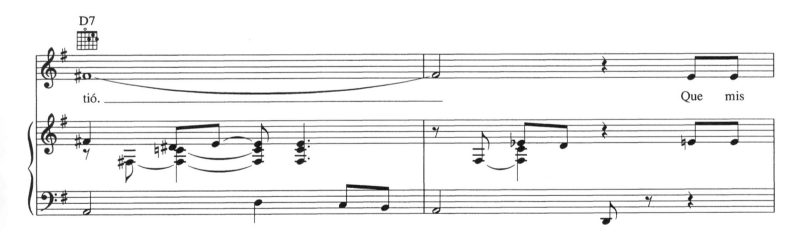

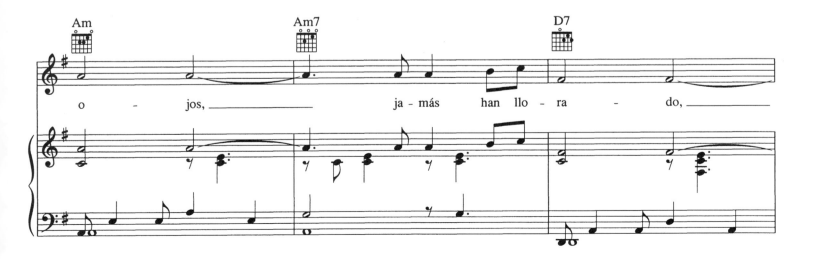

co - mo a - que - lla no - che, _____ que te dí - je a -

diós; _____ Que de - se - o _____

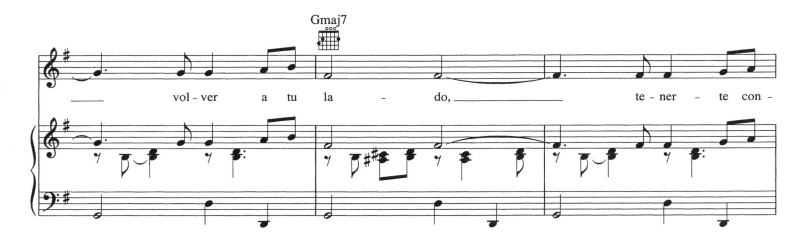

vol - ver a tu la - do, _____ te - ner - te con -

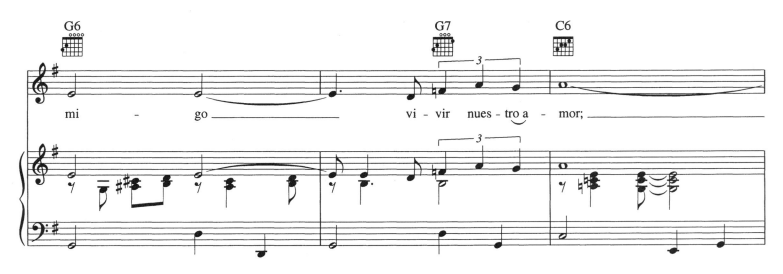

mi - go _____ vi - vir nues - tro a - mor; _____

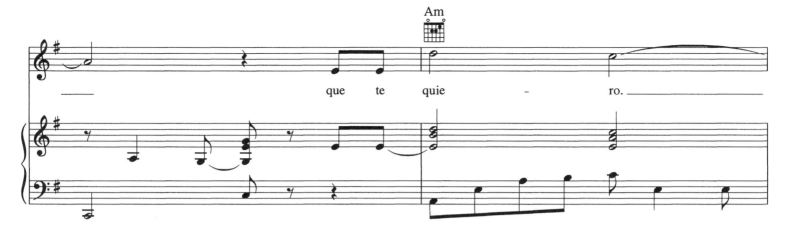

que te quie - ro.

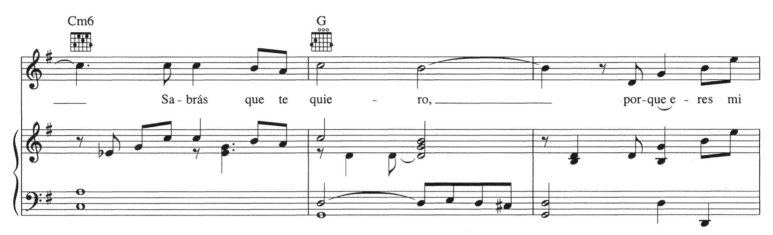

Sa - brás que te quie - ro, por-que e - res mi

vi - da, mi cíe - lo y mi Diós.

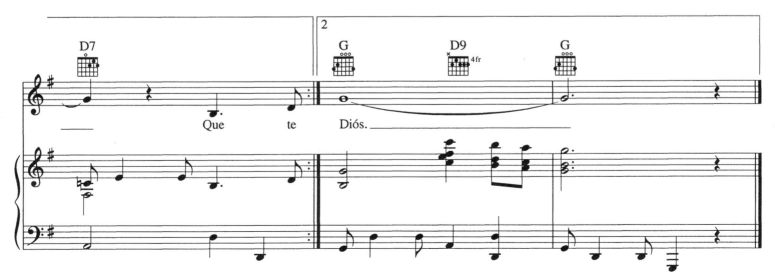

Que te Diós.

SI NO ERES TÚ

Words and Music by
PEDRO FLORES

158

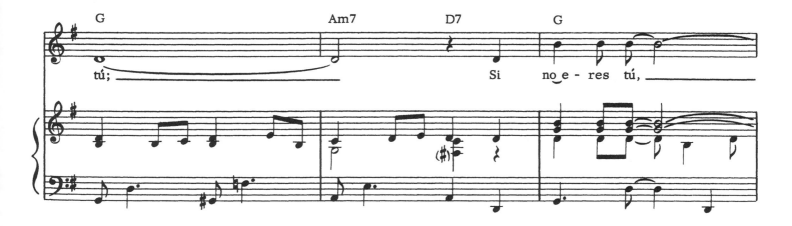

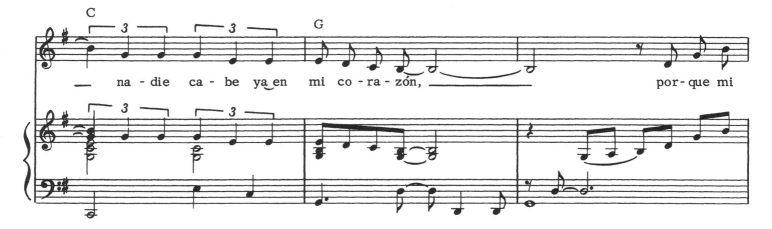

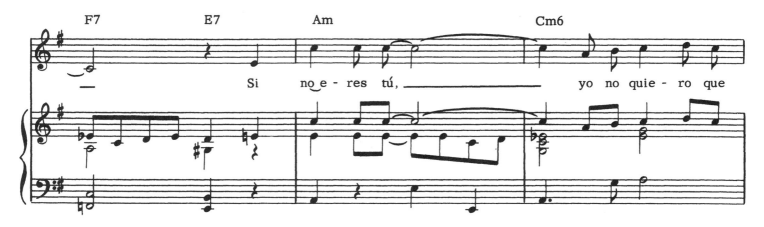

SABOR A MÍ

Words and Music by
ALVARO CARRILLO

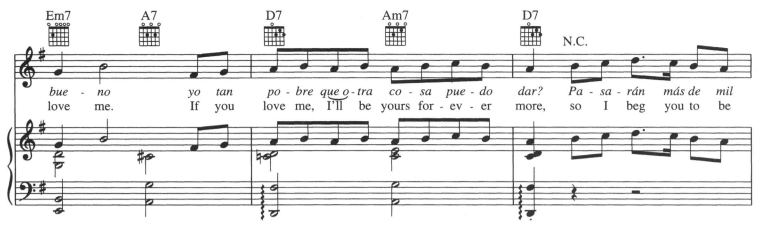

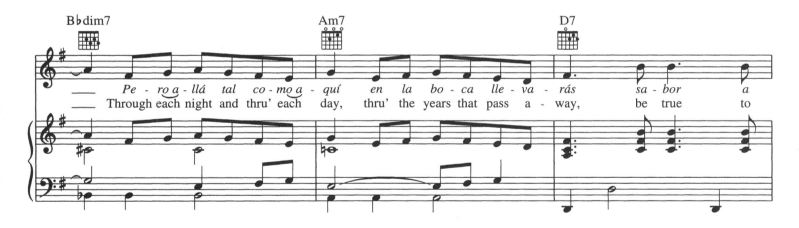

SIEMPRE EN MI CORAZÓN
(Always in My Heart)

Music and Spanish Words by ERNESTO LECUONA
English Words by KIM GANNON

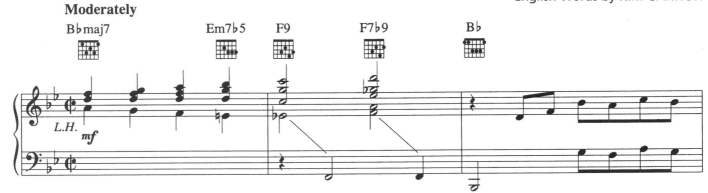

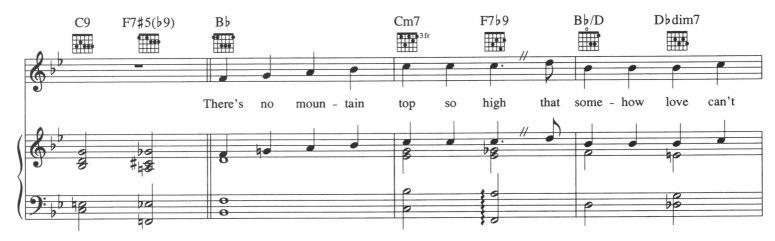

There's no moun-tain top so high that some-how love can't

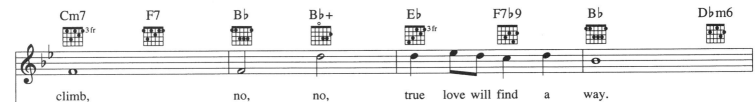

climb, no, no, true love will find a way.

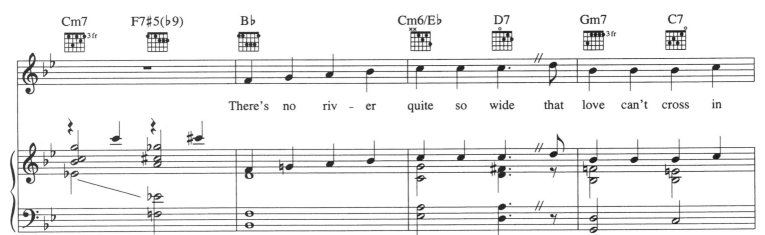

There's no riv-er quite so wide that love can't cross in

165

SILENCIO

Words and Music by
RAFAEL HERNANDEZ

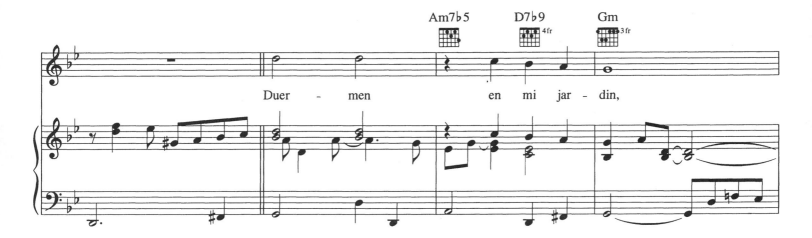

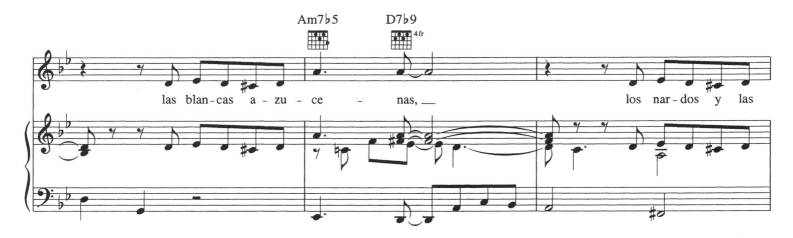

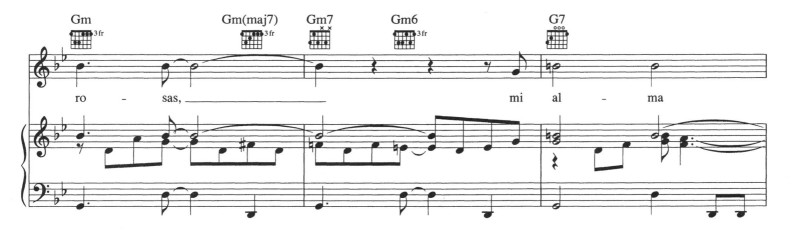

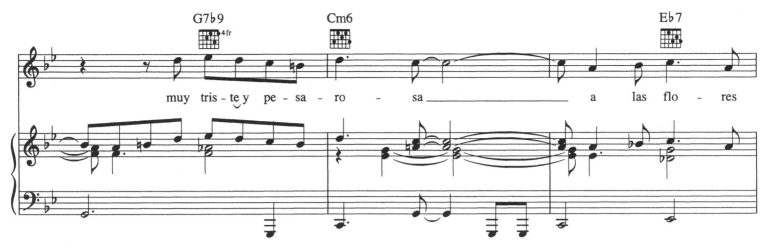

muy tris - te y pe - sa - ro - sa _____ a las flo - res

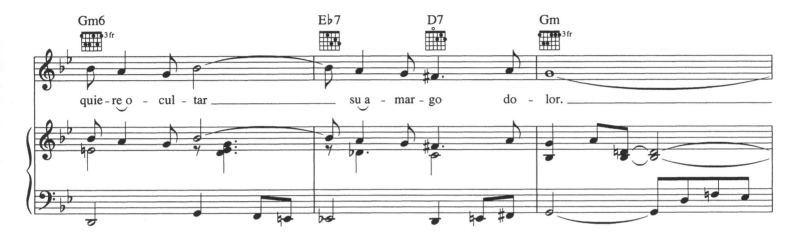

quie - re o - cul - tar _____ su a - mar - go do - lor. _____

_____ Yo no quie - ro _ que las flo - res se - pan _____

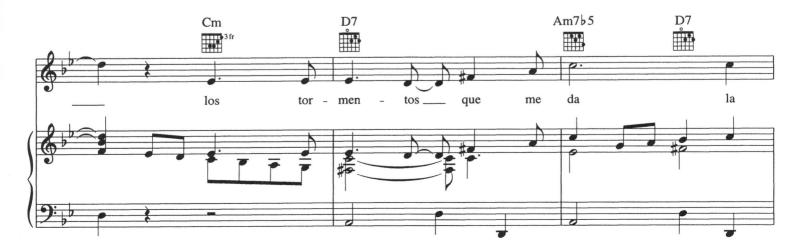

_____ los tor - men - tos _ que me da la

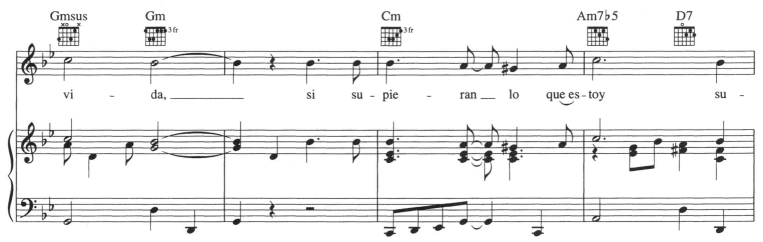

vi - da, _____ si su - pie - ran _____ lo que es - toy su -

frien - do _____ por mi pe - na _____ mo - ri -

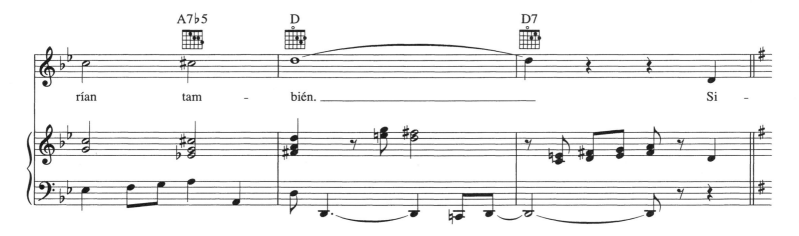

rían tam - bién. _____ Si -

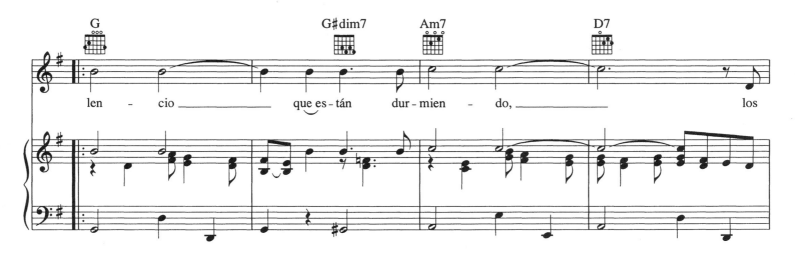

len - cio _____ que es - tán dur - mien - do, _____ los

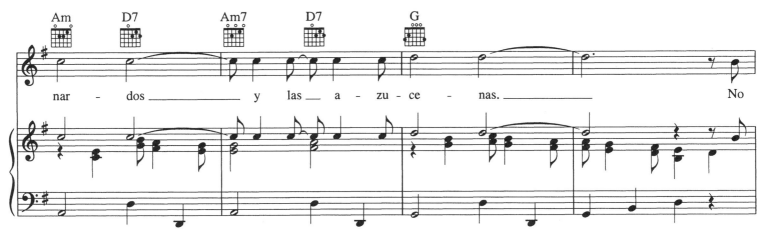

nar - dos _____ y las a - zu - ce - nas. _____ No

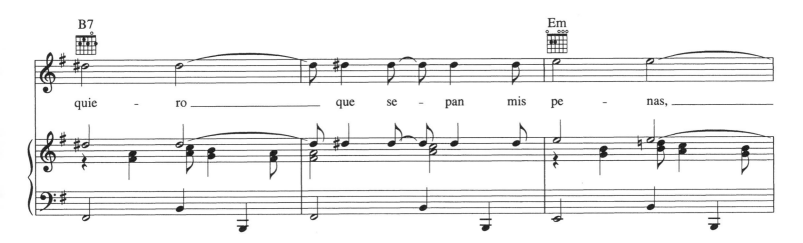

quie - ro _____ que se - pan mis pe - nas, _____

_____ por - que si me _ ven llo - ran - do mo - ri -

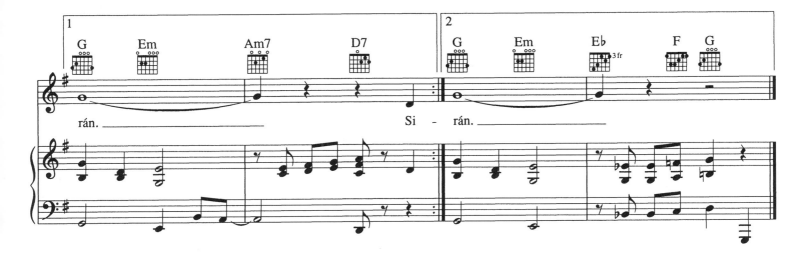

rán. _____ Si - rán. _____

SIN TÍ

Words and Music by
PEPE GUIZAR

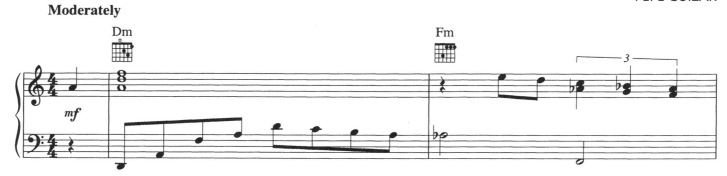

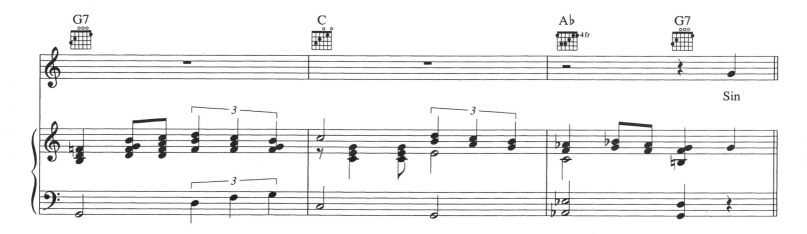

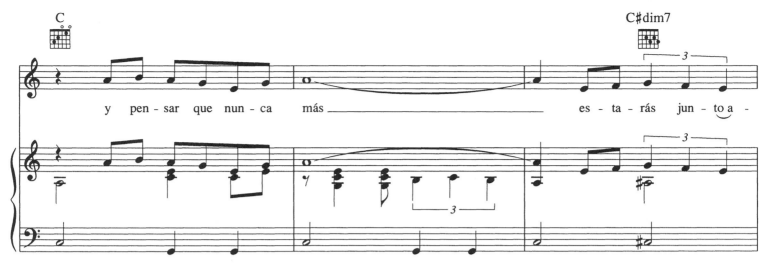

y pen - sar que nun - ca más _____ es - ta - rás jun - to a -

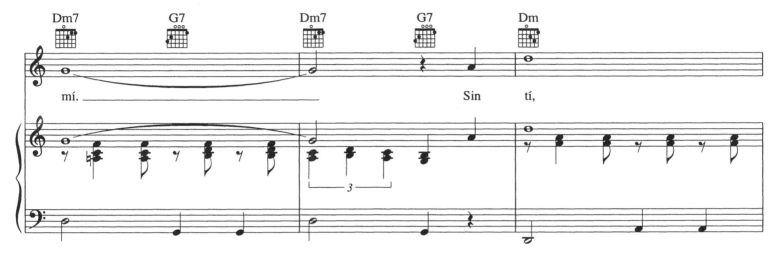

mí. _____ Sin tí,

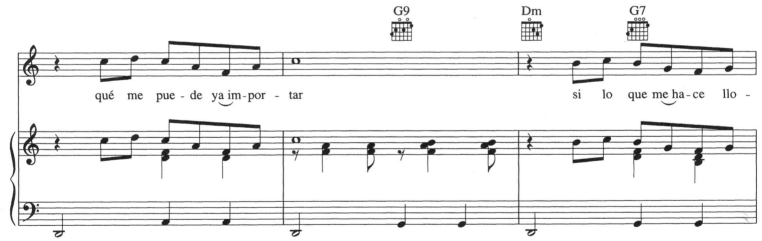

qué me pue - de ya im - por - tar si lo que me ha - ce llo -

rar _____ es - tá le - jos de a -

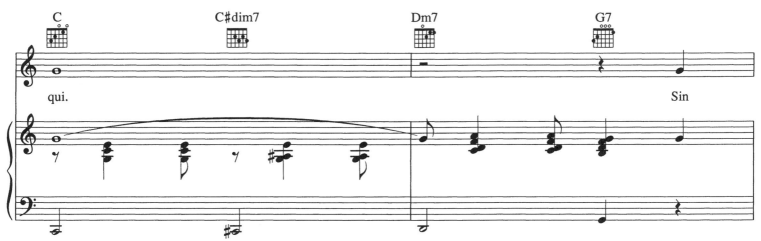

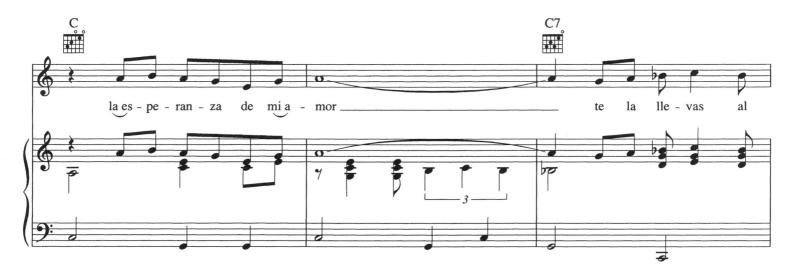

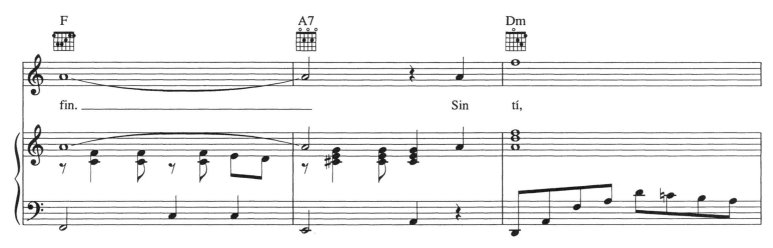

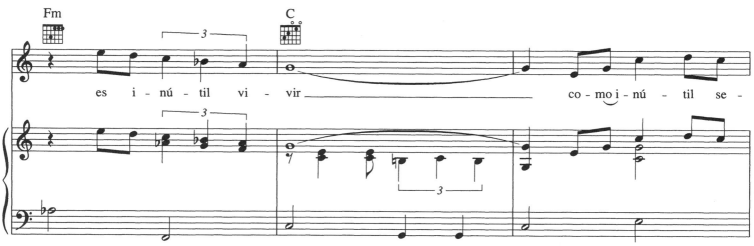

es i - nú - til vi - vir _____ co - mo i - nú - til se -

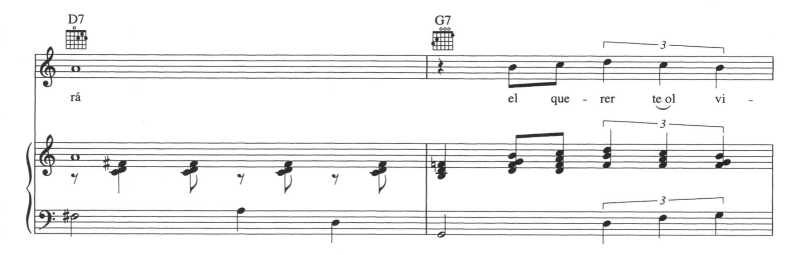

rá   el que - rer te ol vi -

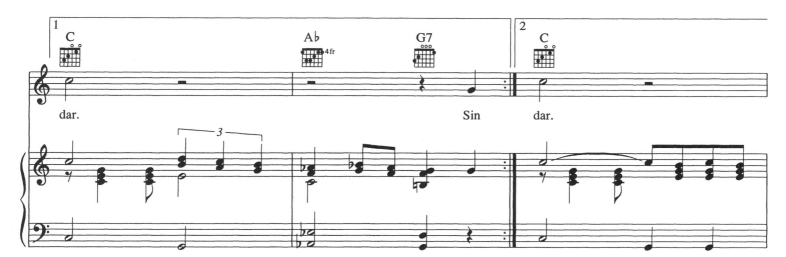

dar.   Sin dar.

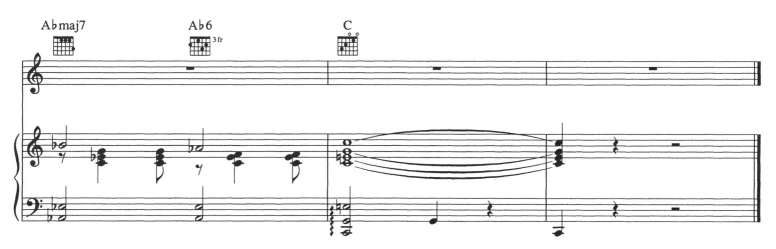

SOLAMENTE UNA VEZ
(Only Once in My Life)

Music and Spanish Words by AGUSTIN LARA
English Words by RICK CARNES and JANIS CARNES

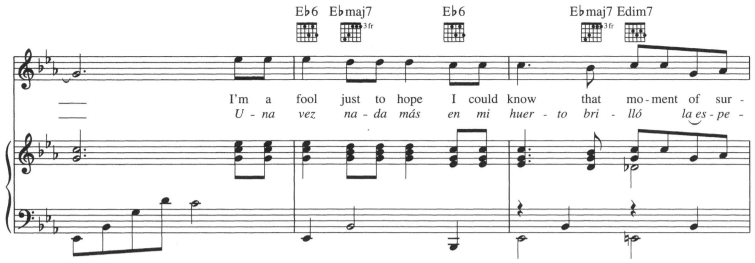

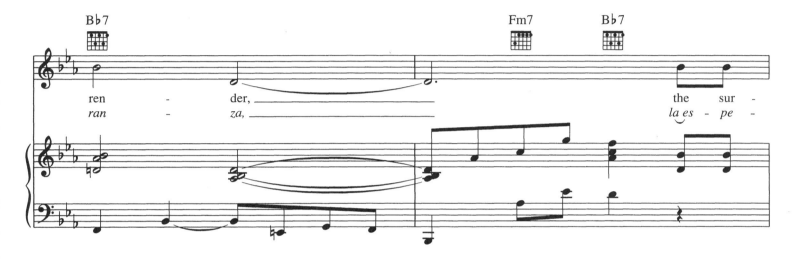

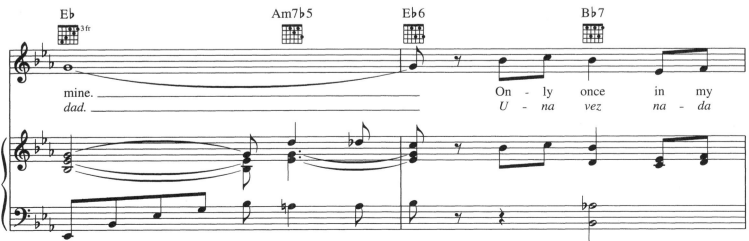

TODO Y NADA

Words and Music by
VINCENTE GARRIDO

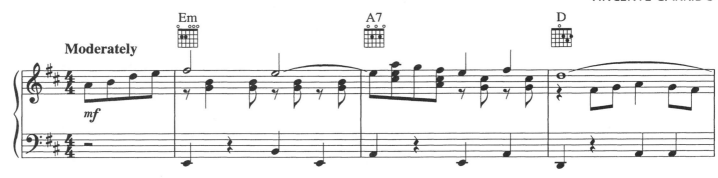

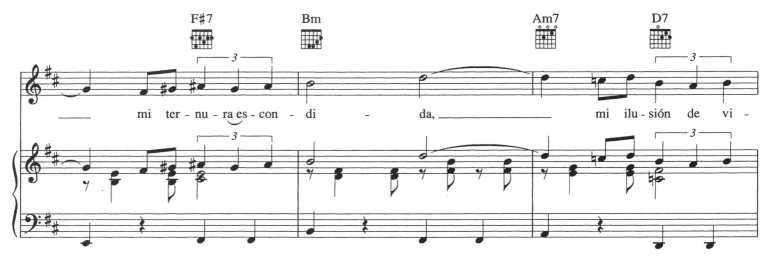

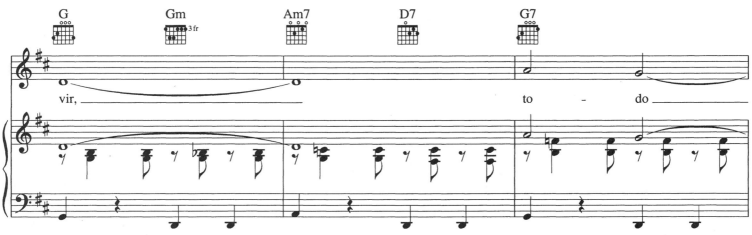

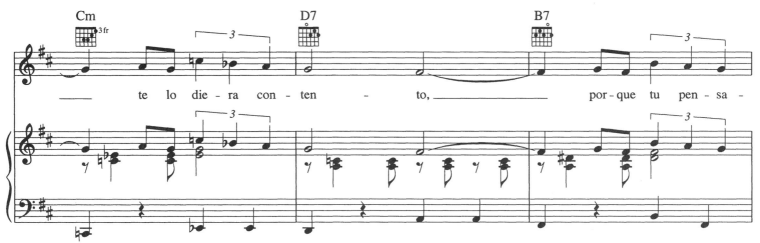

te lo die - ra con - ten - to, _____ por - que tu pen - sa -

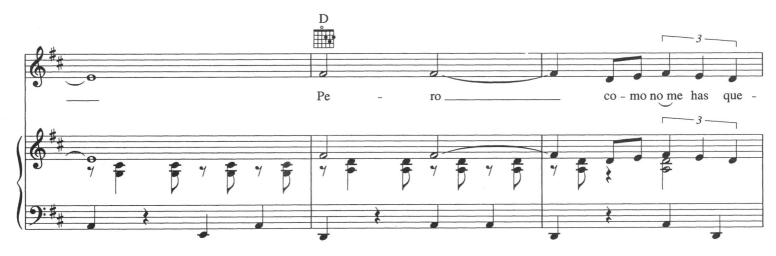

mien - to _____ no a - par - ta - ras de mí. _____

Pe - ro _____ co - mo no me has que -

ri - do _____ y lo que te he ofre - ci - do _____

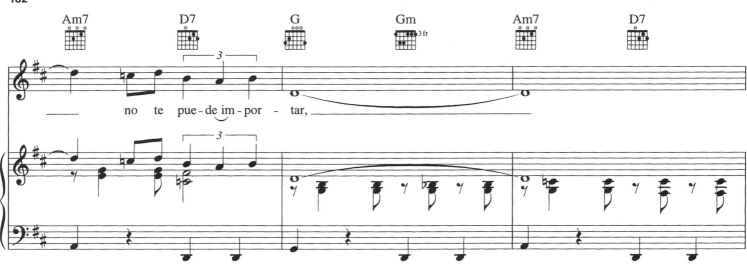

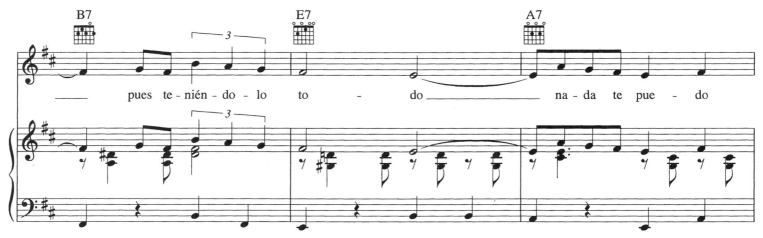

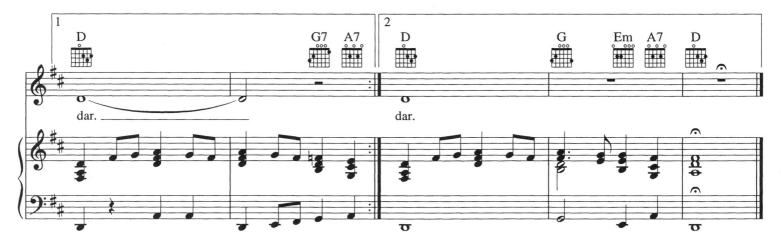

TÚ, MI DELIRIO

Words and Music by
CESAR PORTILLO DE LA LUZ

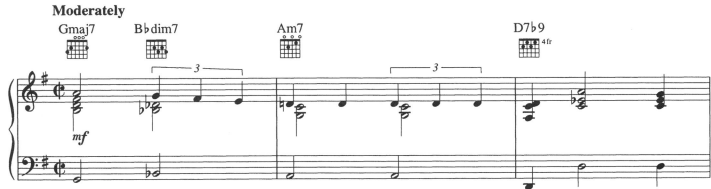

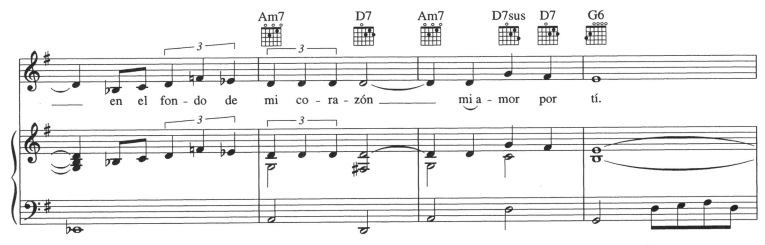

Si pu- die-ra ex- pre- sar- te co-mo es de in- men - so _____

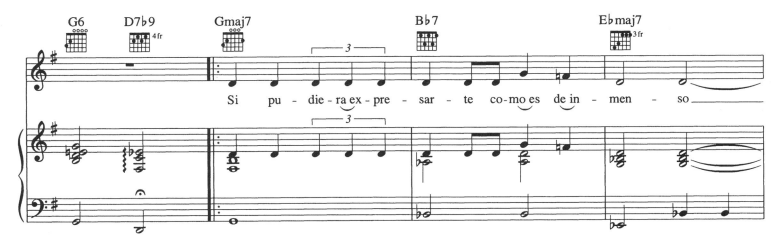

_____ en el fon-do de mi co-ra- zón _____ mi a- mor por tí.

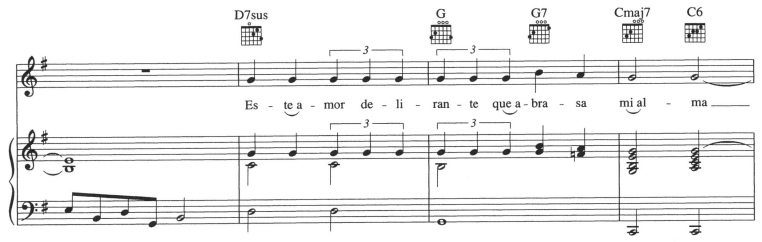

Es- te a- mor de- li- ran- te que a- bra-sa mi al - ma _____

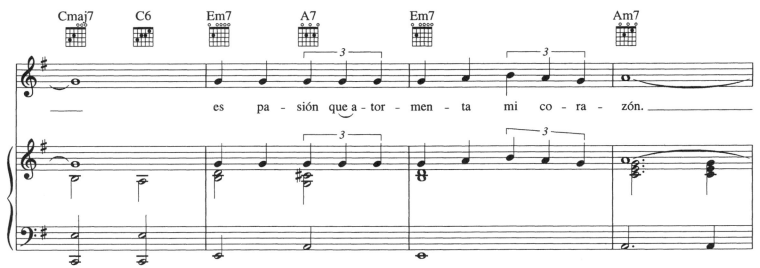

es pa - sión que a - tor - men - ta mi co - ra - zón. _____

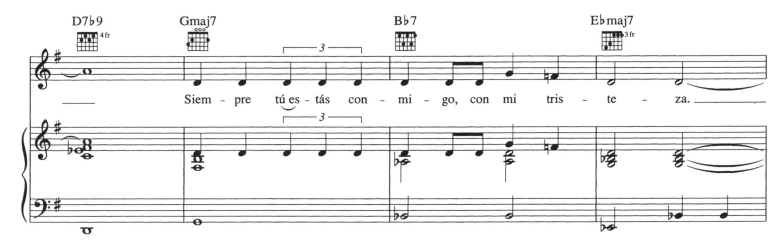

Siem - pre tú es - tás con - mi - go, con mi tris - te - za. _____

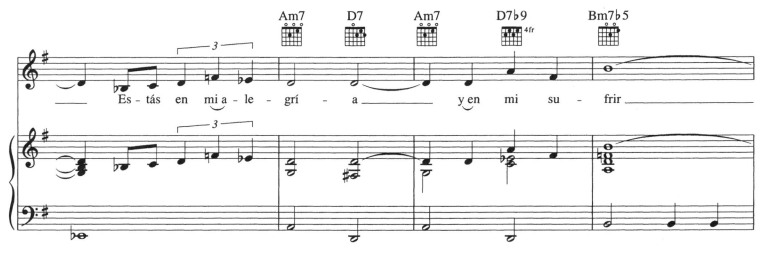

Es - tás en mi a - le - grí - a _____ y en mi su - frir _____

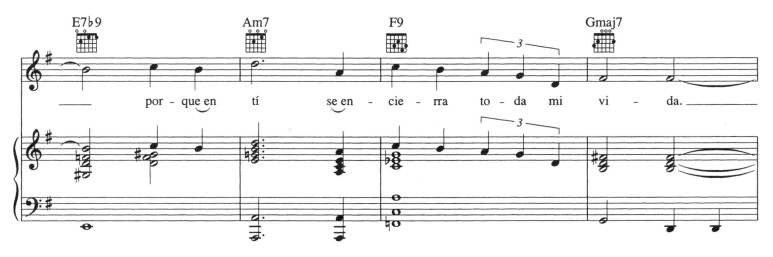

por - que en tí se en - cie - rra to - da mi vi - da. _____

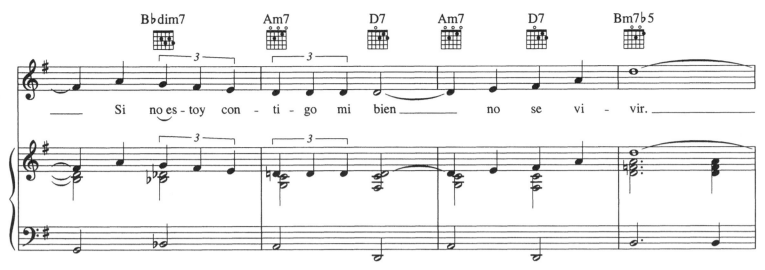

Si no es-toy con-ti-go mi bien _____ no se vi - vir. _____

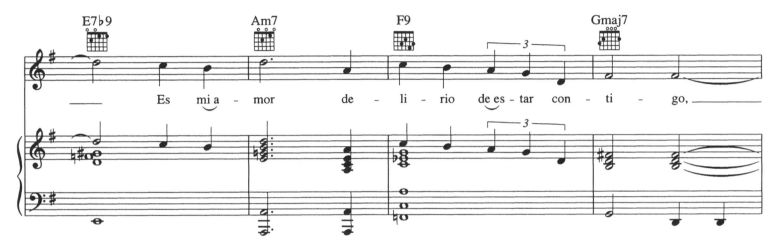

_____ Es mi a - mor de - li - rio de es - tar con - ti - go, _____

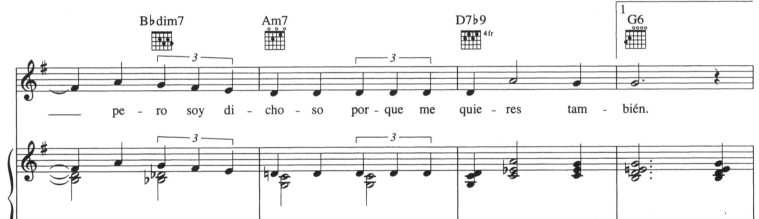

_____ pe - ro soy di - cho - so por-que me quie - res tam - bién.

bién.

TRES PALABRAS

Words and Music by
OSVALDO FARRES

USTED

Music by GABRIEL RUIZ
Words by JOSE ANTONIO ZORRILLA

Moderately

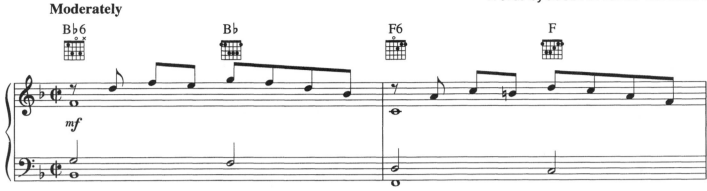

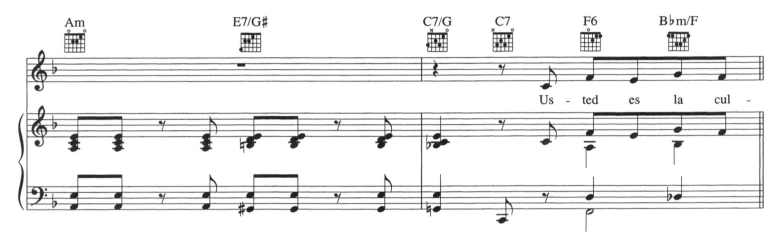

Us - ted es la cul -

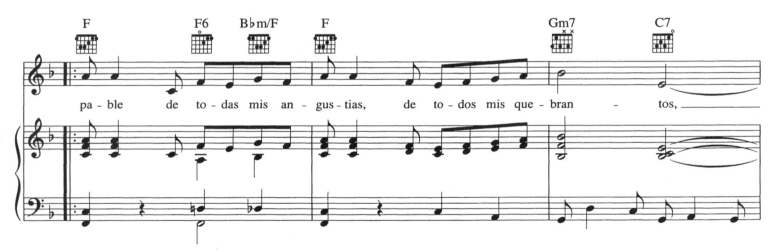

pa - ble de to - das mis an - gus - tias, de to - dos mis que - bran - tos, _____

us - ted lle - nó mi vi - da de dul - ces in - quie - tu - des y a - mar - gos de - sen -

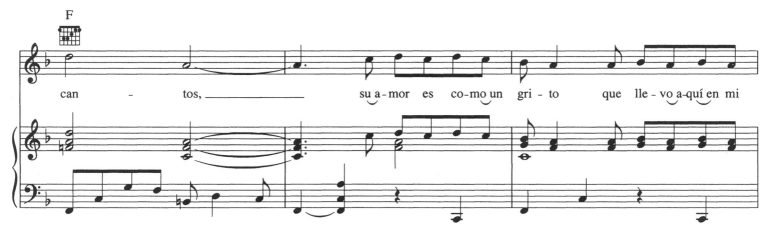

can - tos, _____ su a-mor es co-mo un gri-to que lle-vo a-quí en mi

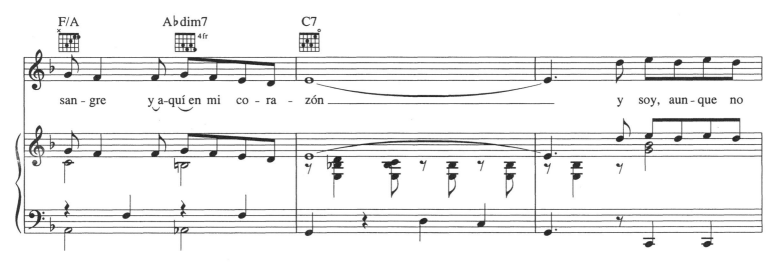

san-gre y a-quí en mi co-ra-zón _____ y soy, aun-que no

quie-ra, es-cla-vo de sus o-jos, ju-gue-te de su a-mor. _____

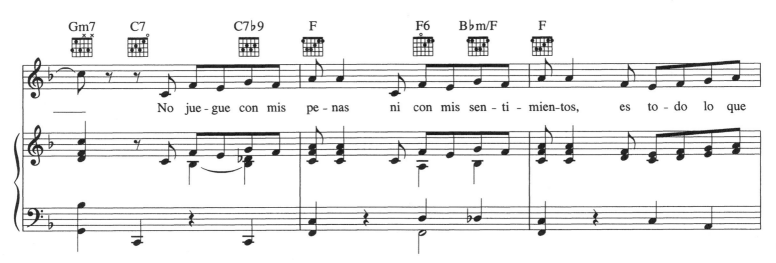

No jue-gue con mis pe-nas ni con mis sen-ti-mien-tos, es to-do lo que

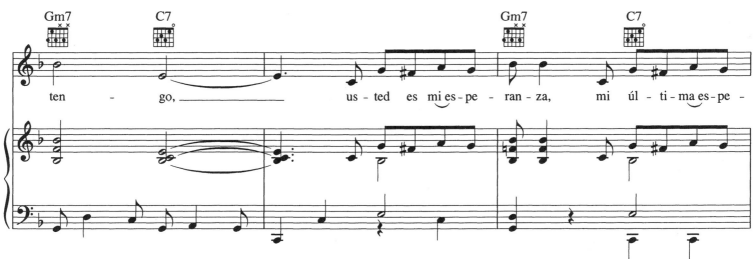

ten - go, _____ us - ted es mi es - pe - ran - za, mi úl - ti - ma es - pe -

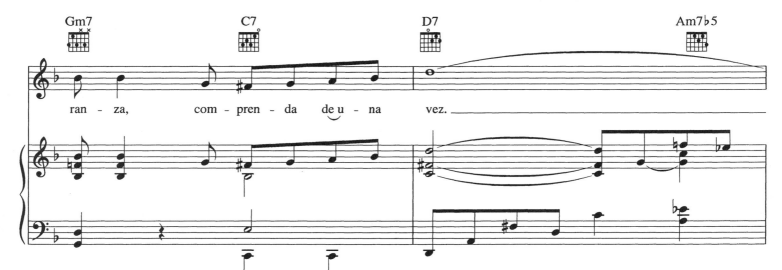

ran - za, com - pren - da de u - na vez. _____

Us - ted me de - ses - pe - ra, _____

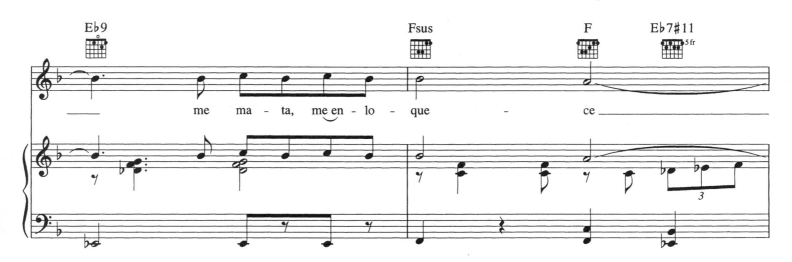

me ma - ta, me en - lo - que - ce _____

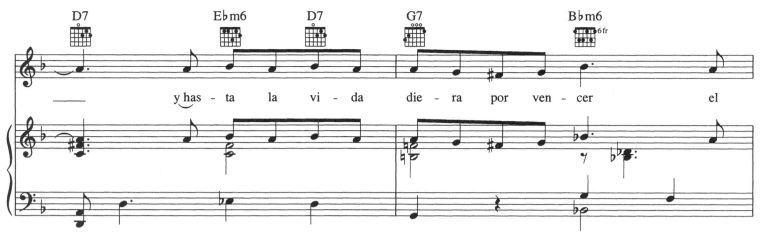

y has - ta la vi - da die - ra por ven - cer el

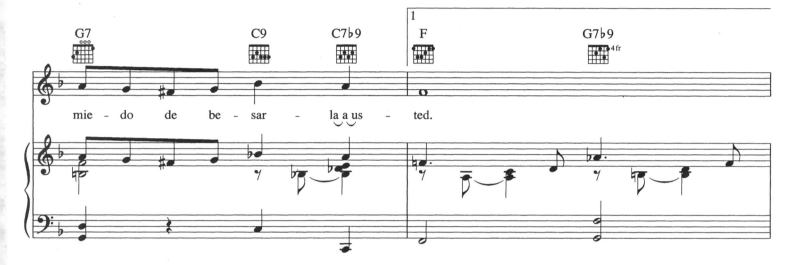

mie - do de be - sar - la a us - ted.

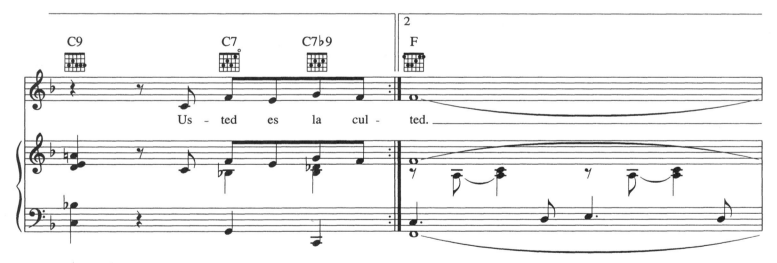

Us - ted es la cul - ted. _____

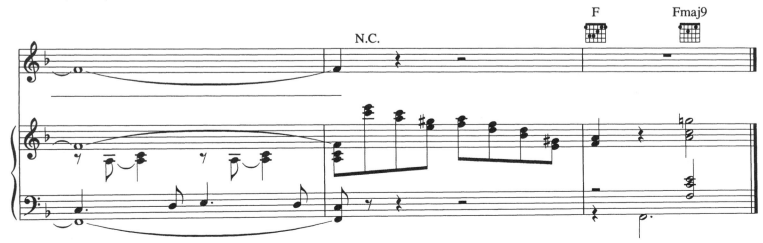